群众文化
建设与发展研究

李忠锋 著

延吉·延边大学出版社

图书在版编目（CIP）数据

群众文化建设与发展研究 / 李忠锋著. -- 延吉：
延边大学出版社，2024. 5. -- ISBN 978-7-230-06645-7

Ⅰ. G249.2

中国国家版本馆 CIP 数据核字第 20242DD183 号

群众文化建设与发展研究

著　　者：李忠锋
责任编辑：朱秋梅
封面设计：文合文化
出版发行：延边大学出版社
社　　址：吉林省延吉市公园路 977 号　　　　邮　　编：133002
网　　址：http://www.ydcbs.com
E-m a i l：ydcbs@ydcbs.com
电　　话：0433-2732435　　　　　　　传　　真：0433-2732434
发行电话：0433-2733056
印　　刷：三河市嵩川印刷有限公司
开　　本：787 mm×1092 mm　1/16
印　　张：8.5　　　　　　　　　　　　字　　数：200 千字
版　　次：2024 年 5 月　第 1 版
印　　次：2024 年 6 月　第 1 次印刷
ISBN 978-7-230-06645-7

定　　价：68.00 元

前　言

随着改革开放的深入，人们的生活质量有了很大提高，也带动了群众文化建设的发展。群众文化的发展，展现着人民群众的精神面貌和综合素养，群众文化发展的程度影响着社会主义文化繁荣昌盛的程度。群众文化属于社会文化，在社会主义精神文明建设中起着重要的作用。习近平总书记在十九大报告中指出，发展中国特色社会主义文化的总体要求，就是"以马克思主义为指导，坚守中华文化立场，立足当代中国现实，结合当今时代条件，发展面向现代化、面向世界、面向未来的，民族的科学的大众的社会主义文化，推动社会主义精神文明和物质文明协调发展"。

心理学家认为，人的社会需求是与人的社会活动紧密联系的，是人的社会活动的基本动力。人的社会活动被某种需求所驱使，需求一旦被人意识到并驱使人去行动，就以活动动机的形式表现出来。需求激发人去行动，使人朝着一定的方向迈进、追求一定的目标，以求得自身的满足。需求越强烈、越迫切，由此引发的活动就越有活力。同时，人的需求是在社会活动中不断更新和发展的。当人通过活动使原有的需求得到满足时，人与周围现实的关系就发生了变化，之后又会产生新的需求，新的需求又会让人去从事某项新的活动。人的社会需求就是如此循环往复，把群众文化推向更高层次的。

社会存在是群众文化生存的基础。根据历史唯物主义的观点，社会存在是第一性的，社会意识是第二性的，不是社会意识决定社会存在，而是社会存在决定社会意识。群众文化属于社会意识形态，是社会存在的一种反映。群众文化是因为有了作为其主体的人的文化活动，有了能开展文化活动的社会环境，才得以生存的。群众文化活动的种种形式，是社会生产力与生产关系的反映。当人类与生产资料（劳动资料和劳动对象）相结合构成改造自然的能力时，这种社会存在中的生产力就反映到群众文化中来。

群众文化是中国特色社会主义文化的重要组成部分，具有鲜明的特征，能加强人民群众的思想道德修养，提高人民群众的科学文化素养，满足人民群众的精神文化需求，促进人民群众的身心健康。

群众文化活动的历史悠久，几乎有了人类就有了群众文化活动。我国历史发展进程中的群众文化活动，由原始歌舞演化而来，并逐步形成实用艺术，活动内容进一步丰富。群众文化的主体是群众，客体是活动。其主要内容是以文化娱乐活动为目的，包含群众文化活动、群众文化工作、群众文化事业和群众文化队伍等方面。

我国人民群众的文化需求越来越强烈，各地涌现的群众文化活动以其形式的多样性、内容的通俗性、理念的超越性、受众的广泛性、发展的可持续性，给人们带来快乐，深受人民群众的喜爱，展示了强大的生命力。

本书从概念和形态入手，对群众文化的基本理论和群众文化的形态进行了详细阐述，进而以科技馆为例，对群众文化建设的实践进行了探讨，并在此基础上，展开对群众文化活动的创新发展探索和群众文化活动的高质量发展探索。

　　本书整体逻辑清晰、语言平实，既有理论阐述，又有实践探索，做到了理论性与实用性相结合，指出群众文化活动创新的重要性和群众文化的时代价值，并对其实践和应用进行了重点研究，可以为相关从业者提供参考和借鉴，以促进群众文化的建设与发展，为实现群众文化需求的满足提供助力。

　　周高飞、周格林参与了本书的审稿工作。由于笔者的知识水平有限，文中可能存在一些不足，请读者朋友们批评指正。

目　录

第一章　群众文化基本理论 ………………………………………………… 1

 第一节　群众文化的概念 ……………………………………………… 1

 第二节　群众文化的作用与时代价值 ………………………………… 7

 第三节　群众文化的产生及其发展规律 ……………………………… 18

 第四节　新媒体视角下的群众文化 …………………………………… 20

第二章　群众文化的形态 ………………………………………………… 23

 第一节　城市群众文化 ………………………………………………… 23

 第二节　乡镇群众文化 ………………………………………………… 27

 第三节　农村群众文化 ………………………………………………… 32

 第四节　家庭群众文化 ………………………………………………… 39

 第五节　校园与企业群众文化 ………………………………………… 43

第三章　群众文化建设实践——以科技馆为例 ………………………… 52

 第一节　我国科技馆的建设与发展 …………………………………… 52

 第二节　科技馆与群众文化的关系 …………………………………… 57

 第三节　科技馆在群众文化建设中的功能发挥 ……………………… 62

 第四节　科技馆科普辅导员在群众文化建设中的作用及其队伍建设策略探讨 …… 67

第四章　群众文化活动的创新发展探索 ………………………………… 71

 第一节　基于新媒体科普的群众文化工作 …………………………… 71

 第二节　基于群众舞蹈的群众文化活动 ……………………………… 76

 第三节　中国优秀传统文化与群众文化活动的融合 ………………… 88

第五章 群众文化活动的高质量发展探索 ·················· **100**

第一节 群众文化活动的形式与规律 ····················· 100

第二节 我国群众文化的时代价值 ······················· 113

第三节 群众文化活动的高质量发展机制 ················· 116

第四节 群众文化活动的创新发展理念与实践 ············· 121

参考文献 ··· **130**

第一章 群众文化基本理论

第一节 群众文化的概念

随着改革开放的深入，我国人民群众的文化需求越来越强烈，文化传播途径和表达方式呈现多样化的发展趋势，各地涌现的群众文化活动以其形式的多样性、内容的通俗性、理念的超越性、受众的广泛性、发展的可持续性，给人们带来快乐，深受人民群众的喜爱，展示了强大的生命力。

一、群众文化的含义

文化，广义上是指人类社会进程中所创造的物质财富和精神财富的总和，狭义上是指社会的意识形态以及与之相适应的制度和组织机构。民族文化是一个民族独有的文化，是这个民族得以延续的基础。当一个民族的文化消亡或者被其他文化所代替，这个民族就会走向消亡。群众文化活动的历史悠久，几乎有了人类就有了群众文化活动。沿袭至今，其活动形式多种多样，活动内容也十分丰富。我国历史发展进程中的群众文化活动，由原始歌舞演化而来，并逐步形成实用艺术，活动内容进一步丰富。在民间的歌坊、舞坊内，广大人民群众创造了众多脍炙人口的艺术作品，群众文化也以其独特的艺术形式纷纷登上艺术舞台。1932 年 5 月，中共江西省委发布《关于四个月的工作报告》，提到"对于最紧急的群众文化政治工作，还未引起注意"。从此，"群众文化"这个名词一直沿用至今，并随着学者的不断研讨，得到大众的一致认同。

作为一种特指的文化类型，群众文化是指人们职业时间以外，自我参与、自我娱乐、自我开发的社会性文化，是以人民群众为主体，以自娱自教为主导，以满足自身精神生活需要为目的，以文化娱乐活动为主要内容的社会历史现象。社会存在是群众文化生存的基础因素，社会变革是群众文化生存与发展的外部因素，人的社会需求是群众文化生存与发展的内部因素。群众文化的发展呈现明显的历史阶段性，大致可分为三种历史形态：原始社会的群众文化——群众文化的胚胎形态；阶级社会的群众文化——群众文化的自在形态；社会主义的群众文化——群众文化走向成熟的自觉形态。

群众文化的主体是群众，客体是活动。其内容十分广泛，主要内容是以文化娱乐活动为目的，包含群众文化活动、群众文化工作、群众文化事业和群众文化队伍等方面。从文化现象层面讲，群众文化是人民群众以自身为活动主体，以文化艺术为主要内容，以满足自身精神文化生活需求为目的，按照美的规律，自我参与、自我娱乐、自我开发的社会性文化；从文化建设层面讲，群众文化是我国一种独特的社会文化现象，是中国特色社会主义文化的重要组成部分，是一个包括群众文化生活形态、群众文化活动、群众文化工作，以及与之相适应的制度、组织、机构和设施等各种要素的集合体。

二、群众文化的特征

群众文化是中国特色社会主义文化的重要组成部分，具有鲜明的特征，能加强人民群众的思想道德修养，提高人民群众的科学文化素养，满足人民群众的精神文化需求，促进人民群众的身心健康。

（一）群众文化的群众性

1.群众性的含义

群众性是群众文化在其主体方面所固有的显著特征。从一般意义上理解，群众文化是人民大众以满足自身精神需求为目的而进行的文化行为，但从群众文化的本质特征上来分析，它的含义就更加丰富了。

（1）群众性表明群众在群众文化中的主导性

正是劳动群众通过自己的聪明才智、审美意识和创造能力，创造、继承、创新着群众文化，拥有、支配、享受着群众文化；正是劳动群众在对文化需求和文化创造这对矛盾的化解中，推动着群众文化随着社会的进程而不断发展。

（2）群众性表明群众在群众文化活动中的自我性

群众文化史实质上就是人民群众满足自身精神文化需求的历史。人类社会不断进步，人民对于精神文化的需求在质和量两个方面也随之提高，群众文化势必成为人们满足自身的精神文化需求越来越重要的途径，群众在群众文化中的自我性将表现得越来越充分。

（3）群众性表明群众在群众文化中的自主性

人民群众总是自觉地运用群众文化表现人民群众本身——或歌颂人民的力量、智慧和优秀品德，或鼓舞人们积极投身社会实践。同时，人民群众又主动出击，去揭露、抨击社会的丑恶现象与落后意识，祛邪扶正，增强人们的真理信念和进取力量。另外，一切进入群众文化生活领域的文化产品，都要由群众来甄别其优劣，决定其存在的价值。

（4）群众性表明群众是群众文化的检验者

群众是群众文化的"评委"。在现实生活中，群众总是对进入他们生活的群众文化进行选择：对于那些代表着先进文化前进方向、符合最广大人民根本利益的文化，群众会积极接受，而对于那些消极文化，群众则会将其拒之门外。一种群众文化形式只有在群众中站稳了脚跟，得到了群众的认可，才可能有旺盛的生命力，否则它就很难获得长久的发展。总之，群众根据自己的精神需要选择素材，创造属于自己的精神文化，然后通过比较、鉴别和批判，将其中的精华保留下来，最终享用它们，并从中获益。这整个过程都体现着鲜明的群众性。

2.群众性对社会的要求

群众文化的群众性对于社会，是有种种客观要求的。

第一，群众文化的群众性要求群众文化的供给、服务对象是全体人民群众，而不应该因群众的社会阶层、民族、地域、职业和年龄等方面的不同而有差别。不同年龄段的人有着不同的精神文化需求，不同国别、不同民族和不同文化修养的人也有着各自的群众文化需要。每个历史时期都是这样，只是在社会发展日新月异的今天，群众文化才更是每个人不可缺少的精神生活内容之一。因此，社会的相关部门、机构应当把全体人民作为群众文化供给、服务的对象，不能有所偏视或遗忘。

第二，群众文化的群众性要求社会努力满足群众的文化需求。这是一种群众文化服务于群众的"质量"上的问题，集中体现在普及与提高两个方面。群众文化的普及就是把群众急需的和容易接受的群众文化提供给他们，其特点是人数众多、覆盖面最广。提高是相对于普及而言的，当在普及的基础上出现了新的提高，原先的提高也即成为新的普及。普及与提高是相互联系、互相促进的，并永远受制于群众文化群众性的客观要求。

第三，群众文化的群众性要求社会的一切群众文化活动必须符合群众的意愿。任何真正意义上的群众文化活动，都必然符合人民群众的意愿，即群众自发或自愿地参与活动。自愿性是群众文化活动的规律表现之一，尊重群众的意愿是开展一切群众文化活动的先决条件。所以，凡是群众热心的、需要的事，就应该积极主动地办；凡是群众不感兴趣、不需要的事，就不能勉强其去做。以个人或少数人的爱好和需要代替群众的爱好和需要，用行政命令强制开展所谓的群众文化活动，总是事与愿违、徒劳无益的。但必须指出的是，这种自觉意愿是从总体上来说的群众意愿，是社会发展与全体人民群众利益相一致的意愿。同时也要注意，我们所说的自觉意愿不是对群众文化活动不加组织领导、任其自生自灭的，而是要充分相信和依靠群众，发挥群众的积极性、创造性，并在此基础上给予科学的组织、正确的引导。只有这样，才能帮助群众建立起正确的审美观念和情趣，才能改造个体中不符合社会要求的价值观念，从而使群众文化真正符合人民群众的根本利益，使群众文化沿着正确的道路蓬勃发展。

第四，群众文化的群众性要求不断提高群众文化的实践能力和占有水平，这是全社文化会的共同任务。文化实践能力和占有水平是由人们的科学文化素质和文艺鉴赏水平决定的，要提高人们的文化实践能力和占有水平，就要在原有的基础上提高人们的科学素质和文艺鉴赏水平，从而激发人们在群众文化领域的创造精神。群众文化作为整个人类文化的一部分，它的发展与整个社会的发展是分不开的。人们的科学文化素质和文艺鉴赏水平的提高，是推动群众文化向前发展的重要条件。

总之，群众文化的群众性特征，不仅表现在人民群众在群众文化中的主导性、自我性和自主性三个方面，而且表现在群众文化服务对象的全体性、服务内容的全面性上，所有这些都是由群众文化的本质决定的。

（二）群众文化的自娱性

群众文化的自娱性特征的形成属于心理学范畴。人的心理活动的一个重要方面是情绪和情感，情绪是与生理的需要相联系的，快乐、愤怒、恐惧和悲哀是人的最基本的四种情绪；情感是人所特有的，是与社会性需要和人的意识紧密联系的心理现象。通过群众文化活动，人们能获得情绪体验，能产生审美情感。思乐、求乐是人之常情，群众文化的自娱性是群众文化主体的娱乐心理与群众文化客体的娱乐特性相统一的结果。

群众文化具有娱乐性，这是群众文化的一个重要的外在特征，也是区别于其他社会意识形态的重要标志。群众文化本就是为了满足群众劳动之余的娱乐、审美需要而创造的。我国种种起源甚早的地方戏剧，就是劳动群众为了自我娱乐而创造出来的集文学、音乐、舞蹈于一体的文化活动方式。在我国古代，农民会在农忙时节组织临时性换工，集体下田，击鼓为号，群歌竞作；休息时，人们便以手帕、汗巾、雨具、扇子之类为道具，即兴歌舞。所谓自娱，就是使自己快乐、愉悦的精神活动的过程。人们在求乐心理的驱使下，怀着或赏心、或悦目、或益智、或健身的期望，通过群众文化活动，获得生理和心理上的满足。这样，群众文化的主体和客体就以娱乐为中心形成了紧密的联系。

（三）群众文化的倾向性

群众文化的倾向是指反映在群众文化中的阶级立场、政治思想和审美意识的方向。这是从思想内容上反映群众文化本质的一个内在特征，也是群众文化的精髓所在。一般来说，群众文化活动的成员由两方面组成：一是群众文化产品的创制者和群众文化活动的组织者，二是群众文化产品的接受者和群众文化活动的参与者。具体来说，群众文化的倾向是群众文化活动两方面成员的思想倾向有机融合和辩证统一后，展现在群众文化中的思想倾向。

一切群众文化产品的创制者，从观察生活、选择题材、提炼主题到形成产品，都表达着对现实生活的看法和评价，反映着一定的政治、思想和审美意识的倾向性；任何群众文化活动的组织者，也总是在其所组织的文化活动中展现其倾向性，并按照这种倾向性在群众文化活动中引入带有一定的政治、思想和审美意识倾向性的文化产品；群众文化产品的接受者和群众文化活动的参与者，也是存在着倾向性的。因此，作为群众文化活动主体的一切个体，都有着一定的政治、思想和审美意识的倾向性，并由此作出对群众文化的价值判断。这种个人价值观的倾向性，会在两个方面表现出来，一方面是对群众文化活动客体（文化产品或文化活动）的选择，另一方面是在群众文化活动中真实情感的流露。

人类无论是在何种社会形态中生活，也无论是在何种社会领域里生活，都有着顺应或违背社会发展方向的各种倾向。从客观上看，在一定的社会生活中，顺应社会历史发展趋势的某类倾向的总和，构成了这一历史阶段的时代精神，即宏观倾向。与此同时，还会有一些违背社会发展的、有悖于社会价值观的反动倾向。群众文化是社会生活的反映，无一例外地体现着时代的某些倾向性，这是一种必然现象。群众文化的倾向性还具有多样性。由于群众文化活动主体的思想、立场和世界观的不同，文化艺术修养、审美意识的差异，生活阅历、处世经验的差异，由于群众文化本身样式、内容的多样性等，群众文化的倾向性呈现丰富而复杂的状态。

（四）风格的通俗性

在群众文化漫长的形成和发展过程中，风格的通俗性与主体的群众性是相辅相成、互相促进的关系。群众文化的主体是广大人民群众，它由群众创造、为群众服务、被群众检验，这就注定了它的风格必须是"下里巴人"，而不能是"阳春白雪"，否则就不会得到广大群众的接受、喜爱和发扬。反过来，风格的通俗性也会不断促使越来越多的人参与到群众文化中来，从而不断加强主体的群众性。

民间舞蹈就充分地体现了群众文化的通俗性。民间舞蹈作为在人民群众中广泛流传的具有鲜明民族风格和地方特色的传统舞蹈形式，历史悠久、形式多样，大多载歌载舞，如江苏的浒浦花鼓、渔篮花鼓、莲湘，山东的海阳大秧歌、胶州秧歌，以及安徽的花鼓灯和云南的花鼓灯等，都是自娱性极强的群众舞蹈。它们来自生活，直接反映生活，热情奔放，简单易学，充满浓厚的乡土气息。这些古老的民间舞蹈是真正的群众艺术，由群众创造、群众欣赏、群众保存、群众发展，永远扎根在群众中间，这充分反映了民间舞蹈风格的通俗性。群众通过群众舞蹈既能自我娱乐，又能锻炼身体，既能丰富自己的业余文化生活，又能增进彼此间的了解和友谊。风格的通俗性是群众文化能够保持旺盛生命力，始终蓬勃发展的原因之一。

一般来说，风格的通俗性是指语言比较浅显生动，结构比较单纯，形式比较灵活。但需要注意的是，我们所说的通俗性，并不含有浅薄、低层次的意思，形式上的通俗与内容上的深刻、艺术上的精美是不矛盾的。深入浅出正是许多一流的、伟大的文艺作品的共同特点，也是不少作者追求的极致目标之一。

第二节 群众文化的作用与时代价值

一、群众文化的作用

（一）精神调剂作用

群众文化的精神调剂作用，是指群众文化在调控参与者的意识和一般心理状态方面所产生的效能。

群众在自发自觉地参与群众文化活动的过程中，会对自身的价值、才能、修养、财富，以及感知能力和情感倾向等进行自我关照、自我表现和自我评价，并由此带来自身情感、想象、意志和愿望的稳定或变化，从而发挥群众文化在精神上的调控和互补作用。这种精神调剂作用主要表现在交往娱乐、审美和宣泄情感三个效能上。

1.交往娱乐效能

当代社会高楼林立，人们住进了钢筋水泥筑起的楼房，人与人之间仿佛也隔了一堵墙。家家大门紧闭，邻里之间大多互不来往，中国传统文化中倡导的"远亲不如近邻"观念越来越淡薄，随之而来的是人与人之间的信任感越来越弱。但在这些现象的背后，我们应该看到的是人们对践行传统价值观的渴望。

人的本质是一切社会关系的总和，即社会关系源于人。因为有了人类，人与人之间才产生了各种复杂的关系，这些关系统称为社会关系。人类总是生存在一定的社会关系之中，并且要融入一定的社会关系中的，因此交往和娱乐成为人类的基本需求之一。群众文化的社会功能之一便是交往和娱乐功能。

一方面，对群体性的交往、娱乐的需求是人类的一种本能需要，群众文化活动对艺术性、专业性的要求都不高，是一种各类群体都能够参与的娱乐活动，老少皆宜。人民群众主动参与到群众文化活动中来，自发自觉地基于共同的兴趣爱好聚在一起，由于他们不是被动参与的，这样的群众文化活动往往能够让参与其中的群众真正感受到人的本质力量。形式多样的群众文化活动已经成为现代人生活的重要组成部分。在参与群众文化活动的过程中，人与人之间实现了交流，打破了钢筋水泥筑起的屏障，增强了人与人之间的信任感。幸福感不仅与物质生活相关，而且与文化生活密切相关。人们通过参与积极向上的文化活动，享受文化赋予的权益，才能够感受到幸福。

另一方面，人们的闲暇时间越来越多的一个原因在于，劳动生产率的提高使同样的劳动所付出的时间越来越少。传统的日出而作、日落而息的田园生活已经被城镇化的大潮逐渐冲淡和瓦解。在城市，由于社会劳动分工的细化、生活压力的增加，人们的交往范围不断缩小，人与人之间的交流越来越少，甚至只局限于工作或者学习的小圈子。无论是在城市，还是在农村，我们赖以生存的传统的熟人社会逐渐被瓦解，社会正朝着一体化的方向迈进。人与人缺乏交流所导致的心理和社会问题时有发生，在这种情况下，群众文化活动恰好为人们提供了一个彼此交流的平台。

2.审美效能

群众文化的审美效能是指通过群众文化所具有的审美意义的形式和内容，激发人们认识美、热爱美、追求美、创造美的生活情趣和理想，并给人以情绪上的激动、感觉上的快适，以及精神上的愉悦和满足。

群众文化能够给人以美的享受、心理上的愉快和满足，使人产生美感。这种美感是生理快感与心理快感的有机统一，是内在美与外在美和谐统一的心理体验。群众文化能够提高人的审美能力、丰富人的审美经验、端正人的审美态度，从而健全人的审美心理，而这种审美心理的变化又必然导致人的精神状态的变化。

由于群众文化的审美活动受到各种社会因素的影响，因此审美又是一种社会心理活动过程。无论审美心理因浸淫于美的享受、美的联想而如何恣肆，社会心理的理性思维总会冷静地将群众文化的参与者"劝"回现实中来，规正人们的情感、情绪和精神状态。

3.宣泄情感效能

群众文化的宣泄情感效能是指群众文化在调节参与者的情感方面所产生的影响。

人类的情感十分丰富，喜欢、愤怒、悲伤、恐惧、爱慕、厌恶等心理体验都是情感的基本表现，而且有一定的起伏变化。人的情感受社会生活方式、社会内容和文化教育的影响和制约，可以通过一定的意志力得到控制，但过度的压抑会给人带来生理和心理上的伤害，因此为了利于情绪的稳定，必须通过一定的方式予以释放，即宣泄。

"歌，咏其声也；舞，动其容也"，人一旦兴奋起来，便会"手之舞之，足之蹈之"等，这些现象说明群众文化一直就具有宣泄情感、稳定情绪的功能。并且，由于群众文化是与社会性的需要、人的意识紧密地联系在一起的，所以通过它来宣泄情感，会使宣泄者的道德感、理智感及美感等交织在一起，加上人又置身于社会与群众监督、关注的特定环境中，群众文化在对人的心理活动进行调控方面，无疑获得了非常好的表现方式和途径。

人类在心理上有一个共同点，就是希望自身的存在能得到社会的认同与尊重。这是一种普遍的社会心理需要，这种需要如果得不到满足，人们就会忧郁、痛苦、羞愧、烦躁，其行为就会消极懈怠、自暴自弃，甚至会采取与社会冲突、对抗的行为，这就需要让人们有充分表现自己的方式和机会，以防微杜渐。群众文化能够为参与者提供尽情展示自己的才华、技巧、风采、能力和价值的舞台，在展示自己的过程中，参与者既检验了自我，又获得了愉悦，也会被社会所发现和认同。

总之，群众文化的宣泄效能能够使群众文化参与者的情感和情绪由消极变为积极，由躁动变为平稳，使其生理和心理都保持健康的状态。

群众文化的交往娱乐、审美和宣泄情感效能，能够令群众文化的参与者在情绪、意识、心理方面处于一种相对平衡、稳定的状态，具有显著的精神调剂作用。

（二）知识普及作用

群众文化在内容上具有综合性的特色，将社会科学、自然科学的各种知识都包容其间；群众文化在参与对象上具有广泛性的特点，层次多、数量多，因此群众文化具有普及知识的作用。它为人类知识的积累提供了另类的载体，为知识的传承提供了特殊的媒介和途径，在很大程度上弥补了学校教育的不足。

1.传授交流和社会教育效能

群众文化是一种特殊的知识经验承载体，蕴含着一代代人积累的大量的社会生活知识、经验和技能，通过参与者的感受得以吸收、发展，又通过活动的方式传给下一代，从而代代传递，形成一个容量十分丰富的知识经验承载体。古人积累的大量天文、历史、地理，以及生产、生活的知识和经验，往往是通过民歌、民谣、民谚、民间故事等形式和花样翻新的活动方式流传下来的，而群众文化既包含了许多文字记载的知识，又包含了许多没有文字记载的经验。许多还没有载入书本的知识和经验，往往可以在群众文化的积淀中找到，许多书本知识也都是直接从群众文化中提取的，而书本知识最初的形成方式也主要是对储存的群众文化进行加工和提炼。

群众文化是人们获取知识经验的重要途径。由于群众文化具有娱乐性和传播性的特点，所以群众文化活动为知识经验的传授和交流提供了重要的渠道，如农谚和民谣，朗朗上口，便于咏唱、记忆和传播，于是包含其间的天候农时、处世哲学、历史典故等学问就代代相传下来。由于职业、知识、兴趣、爱好、经验、智能上的差异，人们在群众文化活动中的表现必定会各有所长、各有所短，而这正好为知识经验的相互传授、交流及取长补短创造了不可或缺的条件。

人对知识的获得不能通过生物遗传，只能通过教育、学习来实现，知识的这种特征，决定了人们对教育的依赖性。群众文化由于内容广泛、形式多样、方法灵活、涉及面广，为各层次的群众提供了接受终身教育的重要途径。群众文化能在自由的时间、广阔的空间里，通过娱乐的方式，传递已有的和最新的认识成果，并且把提高参与者的品德、思想和技能作为实施教育的目标，对促进人的身心发展、提高生产力和国民素质产生了强烈的影响。

群众文化的社会教育效能具有广泛、业余、灵活、方便和通俗等特点，从而使人类知识信息的保存、传递和积累更具有实用性，进而有力地促进了社会的发展。

2.乐中求智效能

群众文化能够通过各种易于引起人们兴趣的娱乐方式，激励参与者开发智力、启迪智慧、增强智能。

智力是一种综合的认识方面的心理特征，主要包括感知记忆能力（特别是观察能力）、抽象概括能力、想象能力和创造能力。人类具有巨大的潜能，开发智力有各种不同的途径。丰富多彩的群众文化蕴含着丰富的知识和哲理，如集邮、集币等收藏活动能帮助人们扩大视野，提高鉴赏能力；各种棋类运动能提高人们的逻辑思维能力；各种神话、科幻小说能激发人们的想象力等。人们在群众文化活动中满足了自己的求知需求，得到了人生哲理的启迪，而这些都是在娱乐的过程中实现的。这种乐中求智、智中求乐的特殊效能，已成为促进群众文化不断壮大、发展的一种非常重要的内驱力。

（三）团结凝聚作用

任何社会组织内部成员关系的协调和团结，并不仅仅取决于经济因素（如利益分配与奖惩等）或政治因素（如行政命令、规章制度等），而常常依赖于内在的情感沟通和心理认同。人们通过参与群众文化，相互交流感情，达到对某些问题的谅解和共识，聚合或暂时聚合成一种力量，使某种社会意志得以实现、某种社会需要得到满足。群众文化的这种团结凝聚作用，具体表现在沟通、吸引和激励效能上。

1.沟通效能

群众文化能使参与者输出自己的思想感情信息，也接受他人反馈的思想感情信息，从而建立一种新型的人际关系。

在横向的沟通上，群众文化能加深社会组织内部成员之间的认识和了解，甚至许多男女青年的爱情故事往往也是在参与群众文化活动的过程中产生的。我国很多民族都把群众文化活动当成会友、择偶的重要途径，如苗族的"踩山节""姊妹节"、壮族的"歌墟节"、侗族的"三月三"等节日习俗。人们在群众文化活动中认识、了解、熟悉的过程，也就是改变、沟通人际关系的过程。个人和团体都可以通过各种群众文化活动来沟通关系，加强合作，甚至扩大自己在社会上的影响力。

在纵向的沟通上，往往表现在改善代与代之间的心理差异上。"代沟"是指两代人之间在思想意识、价值观念、行为方式、生活态度，以及兴趣、爱好等方面的差异、对立甚至冲突。但在群众文化活动中，不知不觉地，老年人向青年人传输了他们的观念，又吸收了当代青年人的一些观念；青年人也是一样，既影响了老年人，又受到老年人的影响。在不断重复、递进、循环的过程中，在代与代之间实现心理上的沟通。

2.吸引效能

群众文化能在激发人们的兴趣、引导人们的注意力、增强文化的感染力等方面对人产生影响，即群众文化能以自身特有的感染力引导人们的注意力。审美娱乐心理是人类的天性，好奇和赶热闹正是这种天性的表现。群众文化总是能以许多新鲜、有趣的活动吸引无数人的参与，如社戏、烟花表演、舞狮子、联欢会等。群众文化活动吸引的人越多，其改善社会关系的作用就越大。这种作用不仅表现在人与人、社群与集体意识的整合上，而且表现在社会生活的实用性上，如近些年出现在全国各地的"酒文化节""茶文化节"等，其实就是运用群众文化的吸引效能来达到发展经济的目的。

3.激励效能

通过群众文化活动的形式和内容的刺激，能促使参与者产生某种积极的思想、意志、愿望和行为。

在集体层面，群众文化可以通过发挥沟通、吸引效能，把某些群众或社会组织内部成员聚合在一起，产生一种或慷慨激昂、或欣喜狂欢、或忧郁愤懑的集体氛围，形成激励效能。特别是在需要统一集体意志、集体行为的时候，这种激励效能可以使社会成员行动一致，形成一股强大的合力。

在个体层面，这种激励效能则表现为意志得到激励，觉悟得到提高，于是奋起行动，如举办"祖国颂""我爱家乡"等文艺联欢会、知识大奖赛等，都可以激发参与者爱祖国、爱家乡的热情，从而坚定参与者为建设祖国、建设家乡而贡献力量的信念和意志。这种激励效能往往会成为人类自身发展的驱动力，因而受到特别的注意。

（四）宣传教化作用

群众文化的宣传教化作用是指通过群众文化的传播方式，在感化育人方面产生效能。由于群众文化作为一种社会实践，总要与人们的社会生活密切相关，它的思想倾向性又往往符合社会的要求，因而它能担当起社会教化的部分责任。人们在参与群众文化活动的过程中，会受到渗透其间的思想倾向的影响和社会行为准则的规范，从而行为取向得到选择，情操得到陶冶，道德观和价值观发生变化。

1.陶冶性情和规范行为效能

群众文化能够对参与者的性格、思想、情操和修养等产生影响。

群众文化总是能够把充满魅力的娱乐性和社会对人们的不同要求，以及人们对社会的不同需求紧密地结合起来，使群众文化活动具有丰富的内涵。这样，带有丰富思想倾向性的内容就渗透到娱乐的形式中，对参与者产生影响。参与者在进行娱乐审美的过程中，或感悟了一些人生道理，或坚强了意志，或净化了心灵等，美的道德、观念、准则在潜移默化中使参与者的性格、情操、品行或心胸都升华到了一个新的境界。

群众文化能够使参与者的品德行为自觉地接受社会准则的规范。社会道德、法律、文化传统和民族习惯等是制约人的品德行为的因素，往往渗透在群众文化活动的内容中，这无疑会对参与者产生规范行为的效能。这种效能，一般是在不自觉的状态中产生的，因为人们参加群众文化活动的主要目的是娱乐，是调剂精神生活，只是在娱乐的过程中，人们会无意识地受到道德、法律、政策和文化传统的影响，从而不自觉地规范自己的行为。特别是一些风俗性、礼仪性强的群众文化活动，更会不知不觉地使人们的心理、行为与风俗、习惯、伦理、道德、生活方式和行为方式等得到整合并融为一体，符合社会的行为规范。但这种效能又是在自觉的情况下得到强化的，《史记·乐书》中有言："乐也者，动于内者也；礼也者，动于外者也……德辉动乎内，而民莫不承听；理发乎外，而民莫不承顺。"儒家把"礼乐"放在"六艺"之首，希望人们能够自觉地"兴于诗，立于礼，成于乐，志于道，据于德，依于仁，游于艺"。《论语》在对群众文化——乐舞的参与、感受和理解中，将"道""德""仁""礼"等观念和规范与人格、行为融为一体。

群众文化要发挥良好的、积极的传播效能和陶冶性情、规范行为的效能，必须具备三个方面的条件：第一，与内容的健康密切相关；第二，与娱乐的审美作用有机结合；第三，与民族化、大众化、通俗化的要求不可分割。

2.传播效能

群众文化的传播效能是指群众文化能在参与者之间的信息、思想和观念的传递方面产生影响。

群众文化是一个十分重要的信息载体，因为群众文化的每个参与者都会有不同的信息、观念和思想，在每个群体内都包含丰富的信息。通过活动，这些信息得到了传播，所以群众文化活动又是传播信息的重要媒介。它作为信息的载体和传播媒介，有着双向性、丰富性、迅速性和扩散性的特点。

在群众文化活动中，信息的传播呈分列扩散性的状态，即信息输入—个体—群众—众个体—众群体—全社会。在古代交通、通信工具落后的情况下，许多信息，大到国家大事，小到民间趣事，主要是靠口头新闻、民谣民歌、民间故事等来传播的，即使在科技发达的今天，群众文化也是宣传国家的政策法令、传播国际国内的时事新闻、彰扬小区邻里的好人好事等信息的重要途径。

群众文化在传播信息的过程中，往往会使参与者从信息的受传者转为传播者。在这个过程中，参与者的知识、思想、才智、经验等会渗入信息，参与者的心理和价值观念也会因此发生微妙的变化，并使其在不知不觉中得到感化，这也是群众文化传播所具备的特殊效能。

二、群众文化的时代价值

（一）群众文化的文化价值

1.提高群众的人文素质

与精英文化进行对比，群众文化可以更为直接地为群众所接受。在很大程度上，群众文化能够对培养群众的文化素质产生一定的促进作用。在文化建设期间，要保障群众文化的内容与群众文化需求互相匹配。群众艺术馆开展的多种多样的群众文化活动，为群众提供了展示才能的平台，并引导人们在参与的过程中，加强对群众文化的了解，促使人们的文化素质水平得到提高。社会发展脚步的逐步加快，对群众文化提出了严格的要求。群众艺术馆举办的文化活动能够拉近群众与文化之间的距离，帮助群众得到与文化相关的内容与信息，拓展群众的知识面。但是，一些群众在社会发展的过程中难以规避不良文化的影响，所以国家应对群众文化进行监督和管理，从本质上控制不良文化的出现，让群众文化得以健康传播。

2.提高文化的建设效率

文化建设作为社会和谐发展的源泉，在提高文化建设效率的过程中，只对高雅文化、精英文化进行建设是远远不够的，还应引进群众文化和大众文化。群众文化的发展在很大程度上影响着整个社会的文化发展和建设，特别是在经济发展水平不高的区域，文化发展的源泉主要是群众文化。因为群众文化的内容便于理解，可以适应不同年龄群体的需求，及时被群众肯定与认可，基于此，在文化建设期间不应只关注精英文化与高雅文化的渗透，还应推动群众文化创新，带领社会向更高水平发展。

3.增强群众文化的多元性

群众文化建设是精神文明建设的一个重要组成部分，能够在人类文化的发展进程中体现人们的聪明智慧。以群众为基础发展起来的群众文化，一方面能够满足群众的精神需求，另一方面可以彰显群众的文化需求。群众文化是在群众之间不断传播并在此过程中进行完善的一种文化，结合区域的特征与文化要点而产生。可以说，群众文化是文化需求的外在象征，体现一定的多元化特征。

在建设群众文化时，相关人员应不断地拓展群众文化建设途径，切合实际地把群众文化的实质精神当作主旨，提高人们对群众文化的认识，使人们认可群众文化，围绕社会发展倾向开展与群众需求相匹配的文化活动。

4.加快专业文化的发展脚步

专业文化的发展与群众文化的发展之间存在着密切的关联。专业文化以群众文化为模板进行发展，吸取优秀的文化元素，在群众文化发展中汲取创作灵感，培育具备时代精神的艺术家，保障群众审美能力的提高，提高群众文化的想象力和创造力，在这样连续循环的过程中，推动专业文化建设。同时，群众是文化的主要载体，影响着国家的文化发展倾向。在推动群众文化发展的过程中，应挖掘群众文化的艺术价值，创造广大人民群众喜爱的专业文化，延伸群众文化的发展空间，增强专业文化的综合实力，保障国家文化软实力的增强。

（二）群众文化的经济价值

1.发展群众文化，对加快经济社会发展起到助推器的作用

开展群众文化工作，是建设社会主义精神文明的一个重要组成部分。群众文化工作是推动人们在工作之外进行自我参与、自我开发、自我娱乐，并对其进行有序组织和辅导的工作。它拥有潜移默化的教化功能，在当前经济高速发展的社会环境下，要通过发展群众文化，对现代人进行教化与培育。通过各式各样的群众文化活动，能够让人们在参与的过程中受到艺术的熏陶，进而全面提升群众的素质，推动经济的发展。我们要坚持把社会效益放在首位，力求经济效益和社会效益共同发展。在此过程中，我们必须坚持将社会效益放在最重要的位置，充分结合经济和舆论手段，大力扶持那些社会急需的文化产品或文化产业，进而将文化发展推向科学化和规范化的轨道。

随着文化建设合理化的加强，以及现代经济社会的飞速发展，经济效益与社会效益协调发展的程度会越来越深，对文化管理体制的改革，就是要朝着经济效益和社会效益共同发展的目标而努力。

2.发展群众文化，具有人人参与的广泛性和普遍性

群众文化所具有的公益性质决定了群众文化工作要把社会效益放在第一位。群众文化的公益性质早在 20 世纪四五十年代就已确定，群众文化馆、艺术馆肩负着全面提升国民素质的重要任务，要坚持以提升人民群众的素质、丰富人民群众的生活为宗旨。

在我国经济体制改革的过程中，由于受到体制改革的影响，群众文化的公益性质逐渐减弱，模糊了其应有的形式。部分地区对文化事业的投入经费不到位，文化发展基础设施落后，文化活动的开展形式单调，缺乏专业人员；一些地区则存在着盲目跟从的现象，大力追求经济效益而忽略了原本要达到的社会效益。这使得部分群众文化工作者无所适从、感到茫然。在此关键时刻，党中央明确强调群众文化发展的方向，这无疑增强了从事文化事业的工作者的信心和信念。

坚持群众文化事业的公益性质，就是严格坚守群众文化事业的阵地，切实将群众文化的公益性职责履行到位，充分突出社会效益。群众文化的发展是建设中国特色社会主义的重要环节，是提升、丰富人民群众文化和生活的重要阵地。在社会主义市场经济快速发展的环境下，它同样能够发挥多样化的功能，这是学校教育或其他市场文化所不能替代的。多种形式的、群众常见和喜爱的公益文化活动能凝聚群众的力量，陶冶人民群

众的情操；在推动群众文化消费等方面，还能够充分运用自身的优势，特别是在开展业余文化活动和健康有益的娱乐活动方面，能够起到示范作用。

3.发展群众文化，能够更好地体现地方特色和传统文化

发展群众文化，要充分结合我国各地区少数民族文化特色的优势，用人民群众最为喜爱的形式，坚持落实发展的精神，坚持多样化与主旋律协调发展，将民俗特色融入时代发展中，积极结合地区特色，科学、合理地将民族特色与时代特色相结合，给群众文化的发展增加新的形式和内容。另外，充分发挥群众文化所具有的教化与综合功能，利用各种节日推出一些特色活动，如民族文化宫要多举办具有丰富的、趣味性的表演与活动，使各地区的群众文化特色在节日中得到充分体现。

4.发展群众文化，能够促进经济效益与社会效益相结合

文化事业的发展，已经细分到了公益性的文化事业和经营性的文化事业。这就要求我们必须对文化事业进行科学、规范的改革，积极引入市场竞争机制，促进文化事业的发展。在人事管理上，要规范人才选拔机制，引入更多优秀人才。充分运用市场机制的优化作用，对人才资源进行合理配置，培养出一批既具有新经济发展思想，又懂艺术、懂文化的高素质复合型人才。

我们虽然要将公益性放在首要地位，但也不能只追求公益性而忽略经济效益。应充分结合市场规律，让文化工作更加贴近群众，能够帮助我们更加快速、有效地掌握公益性与市场性的规律。处理好群众文化的经济效益与社会效益的关系，不但需要群众文化工作者的不懈努力，而且需要地方政府的大力支持，只有这样，才能够让群众文化事业持续、健康发展，助推我国各地区的经济建设与发展。

（三）群众文化的社会价值

1.传播主导文化，发展精英文化

群众文化的形成与发展不仅满足了文明发展的需要，而且满足了大众提升文化素养的需要。群众文化的感染力强、影响范围广，合理利用群众文化的影响力传播我国现阶段的主导文化，即社会主义核心价值体系，推广一些健康有益、积极向上的思想，对群众的文化消费进行正面指导，对提高群众的思想境界和艺术品位都有十分显著的影响。

开展各种各样的群众文化活动，能够给公众创造一个交流与沟通的平台，使公众了

解与主导文化相关的知识，从而开阔自己的视野，提升自己的文化素养和道德素养。总之，群众文化工作通过这种雅俗共享、寓教于乐的活动形式，能够有效指引社会的思想方向，使社会主义核心价值观在轻松、愉快的活动氛围中逐渐深入人心。此外，发展精英文化也是文化建设的另一个方面，虽然主导文化主要面向平民百姓，但是文化建设水平的提高仍要依托于高学历、高技能的时代精英，所以精英文化的发展也不可忽视。而精英文化的提高又依托于群众文化的普及，因而我们更要积极开展群众文化工作，做到统筹兼顾，全面强化社会主义思想文化建设。

2.释放生活压力，团结人民群众

随着时代的发展，人们的生活压力也越来越大，在快节奏的生活状态下，人们迫切需要通过某种社会组织进行一定的社会交际和娱乐活动，以释放长期积压的生活压力和负面情绪。而群众文化的基本社会功能就是交往和娱乐，其对艺术形式的要求不高，所以各类人群都能够参与。

群众文化使人们在充分享受文化权益的同时，丰富了文化生活，排遣了内心的烦扰。所以在满足人们物质生活层面的基本需要之后，一方面，我们应积极开展人们喜闻乐见的、积极向上的群众文化活动，让人们在活动中陶冶情操，获得审美享受，提升其文化艺术修养和境界，实现自我教育；另一方面，随着科技的不断发展，人与人之间的交流越来越多地通过线上的方式来实现，人与人之间的面对面沟通越来越少，甚至感情逐渐变淡，从某种程度上讲，这加速了人的分化。

群众文化属于一种群体性的娱乐活动，它能够让兴趣爱好相同的人们主动聚在一起，而节日聚会、结婚典礼、民俗活动等都是群众文化活动的一部分，更体现了其老少皆宜的特点，因而能够很好地起到凝聚社会成员的强大作用，这是其他活动所无法比拟的。可见，加强群众文化工作，不但可以使人们真正体会到快乐和幸福，而且能增强社会团结，维护社会稳定。

第三节 群众文化的产生及其发展规律

一、社会存在是群众文化生存的基础

社会存在是群众文化生存的基础。根据历史唯物主义的观点，社会存在是第一性的，社会意识是第二性的，不是社会意识决定社会存在，而是社会存在决定社会意识。

群众文化属于社会意识形态，是社会存在的一种反映。群众文化是因为有了作为其主体的人的文化活动，有了能开展文化活动的社会环境，才得以生存的。群众文化活动的种种形式，是社会生产力与生产关系的反映。当人类与生产资料（劳动资料和劳动对象）相结合构成改造自然的能力时，这种社会存在中的生产力就反映到群众文化中来。

群众文化与其他意识形态一样，也具有相对独立性，对社会的发展起着巨大的能动作用（促进的或阻碍的作用）。有时，在特定的社会经济基础改变以后，这种基础的群众文化在相当长的时间内还会存在并产生一定影响。因为群众文化作为一种社会意识形态对社会有依赖性，所以随着社会存在的变化，群众文化也必然会或发生变化。

二、社会的变革是群众文化发展的外因

辩证唯物主义认为，社会生产力与生产关系的矛盾、经济基础与上层建筑的矛盾，是人类社会发展的根本动力。社会生产力的发展，要求生产关系与之相适应，进行相应的调整和变革，这就构成了生产力与生产关系的矛盾运动。生产关系（经济基础）的调整和变革，必然会引起上层建筑与经济基础的矛盾，从而也就推动了经济基础与上层建筑的矛盾运动。人类社会的发展史表明，社会的变化就是由这种矛盾运动引起的。群众文化的发展史，揭示了群众文化变化的根本原因（不是唯一的原因）在于社会的变化与革新。

在原始社会，全民性的群众文化表现的是集体劳动、狩猎和对自然、祖先、图腾等的崇拜，反映的是人与自然的依存和矛盾关系。由于生产力的进步，产生了剩余劳动力，

随着生产资料私有制的逐步发展，原始社会逐渐解体，奴隶社会逐渐形成。在奴隶社会中，生产关系发生了根本变化，奴隶主不但占有生产资料，而且占有生产者（奴隶），形成了奴隶主阶级与奴隶阶级对立的局面。奴隶社会的群众文化更多地体现了阶级的对立，例如，在《诗经》中，多首诗都表达了奴隶的悲惨和痛苦、奴隶主的荒淫与残暴。

在同一个时代，社会的某种变革也会推动群众文化的变化。在中国封建社会的盛唐时代，"贞观之治"是一次成功的社会变革，变革后社会生产力得到发展，生产关系也进行了相应的调整，并给当时的群众文化注入了新生因素，在宫廷与民间、国内与国外、城市与农村的文化对流的促进下，群众文化出现了民间歌谣、曲调、舞蹈、绘画、雕塑诸艺并茂的大好局面。文化品位与格调也随之变化，如民间歌谣虽基本沿袭汉代，但在思想性、艺术性和群众性等方面都远非汉代可比。明代的群众文化在封建社会走向没落、资本主义正在萌发之时，也出现了新的形式和特点。例如，通俗文学取代了古文、诗等旧体文学的地位而成为中国近古文学史上的主要内容，民歌为明代"一绝"。到了明末，西学输入，市民阶层逐渐扩大，民间文艺、工艺商品化的走向日趋明显。毛泽东的《新民主主义论》表明了新民主主义革命时期民族的、科学的、大众的文化指向，从此群众文化出现了历史性的根本转变与蓬勃发展。

当代，在新的历史时期，社会的变革已经引起了群众文化的很大变化，改革开放的不断深化必将推动群众文化形成新的、更符合历史发展规律的、更能适应广大人民群众需求的变化。

三、人的社会需求是群众文化发展的内因

我们考察群众文化的历史发端，分析它缘起的内在动力，首先可以发现是人的社会需求催发了群众文化的萌生。人的需求基本上可以分为自然性需求和社会性需求。自然性需求是人作为一个有机体维持生命和延续种族所必需的，其特点往往呈现周期性，如饮食、睡眠等。社会性需求为这样或那样的社会要求，或个人为适应社会要求而产生的社会需求，这类需求是人的后天习性，如交往的需求就是从人与他人的接触过程中发展而来的，社会需要以艺术的形式陶冶人的情操，人们就会举办一系列群众文化活动。社会性需求主要表现为精神的需求，如认识的需求、美的需求等。认识的需求激励人去学习科学文化知识，探索自然与社会的奥秘，并由此产生科学文化活动及发明创造；美的

需求使人力图美化自己及自己的生活方式。在一定条件下，这两种需求常常转化为对群众文化艺术活动的参与和创造。

人类出于对异性之爱与社会交往的需求，在母系氏族公社时就萌发了群众文化的"美"的意识。对社会无穷奥秘的探索、对自身理想的追求，以及为了实现这种愿望而追求的知识、力量与美，既是人类高层次的需求，又是群众文化发展的内驱力之一。社会越是发展，人类对这种需求的表现就越是强烈；群众文化越是发展，人类精神生活需求的内容就越丰富。在当代群众文化活动中，人们踊跃参加各类文化艺术竞赛和训练班、购买高质量的科技图书、跳交谊舞、进行健美训练等，都说明了人们精神生活质量的提高与社会物质生活的现代化有着客观的、现实的和内在的联系。

心理学家认为，人的社会需求是与人的社会活动紧密联系的，是人的社会活动的基本动力。人的社会活动被某种需求所驱使，需求一旦被人意识到并驱使人去行动，就以活动动机的形式表现出来。需求激发人去行动，使人朝着一定的方向迈进、追求一定的目标，以求得自身的满足。需求越强烈、越迫切，由此引发的活动就越有活力。同时，人的需求是在社会活动中不断更新和发展的。当人通过活动使原有的需求得到满足时，人与周围现实的关系就发生了变化，之后又会产生新的需求，新的需求又会让人去从事某项新的活动。人的社会需求就是如此循环往复，把群众文化推向更高层次的。

第四节 新媒体视角下的群众文化

新媒体具有传播速度快、范围广、互动性高等特点，能很好地消解不同年龄段之间、不同话语系统之间，以及不同文化背景之间的边界，为丰富的群众文化的传播与传承提供了良好的工具和载体。当然，新媒体在文化传承方面所发挥的作用与产生的影响还需要我们进一步思考，但至少目前可以看到，通过新媒体，更多的人参与到了群众文化活动中来。在新媒体时代，我们要学会利用新媒体，从全新的视角，充分展示地区群众文化工作建设的成果，充分展示地区良好的精神风貌、丰富多彩的群众文化；高度重视新媒体板块的群众文化建设工作，努力使新媒体成为满足广大人民群众日益增长的精神文化需求的主渠道、主阵地，并使其成为一个与业界共同合作、共同发展的平台；充分发挥新媒体的互动性和快捷性，积极开展群众文化活动相关工作。新媒体的发展，不仅加快了群众文化的传播速度，而且加大了其传播力度，拓宽了其传播广度，提高了其传播质量。新媒体技术在群众文化工作中发挥了积极的作用，有效地促进了群众文化的传承和发展。因此，在新媒体视角下，我们对群众文化有了新的要求和看法。

一、新媒体视角下的群众文化要注重创新

新媒体时代的文化软实力建设要重点抓好理念创新、手段创新，努力以思想认识的新飞跃，打开工作的新局面。

第一，理念创新要强化互联网思维，这需要从以下几个方面着手：

一是要建设网络强国。既要有过硬的技术、丰富全面的信息服务、繁荣发展的网络文化，又要有良好的信息基础设施，形成实力雄厚的信息经济；既要有高素质的网络安全和信息化人才队伍，又要积极开展互联网国际交流与合作。

二是要积极保障网络安全。以安全保发展，以发展促安全，努力建久安之势、成长治之业。

三是要依法治理网络空间。即要抓紧制定立法规划，完善互联网信息内容管理、关键信息基础设施保护等法律法规，依法治理网络空间，维护公民的合法权益。

四是要创新互联网技术。既要制定全面的信息技术、网络技术研究发展战略，下大气力解决科研成果转化问题，又要积极出台支持企业发展的政策，让它们成为技术创新的主体，成为促进信息产业发展的主体。

第二，方法创新要胸怀大局、把握大势。胸怀大局就是要胸怀国内和国际大局、党和国家工作大局、全面深化改革大局。把握大势就是要做到因势而谋、应势而动、顺势而为。要因势而谋，就要提高洞察力；要应势而动，就要提高应变力；要顺势而为，就要提高驾驭力。只有根据环境、条件的变化，创新工作理念、手段和内容，不为条条框框所限，不为没有先例所困，才能使群众文化建设融入时代潮流，才能解决现实问题，才能在顺势而为中有突破、有创新、有成效。

二、新媒体视角下的群众文化要注重融合

新媒体是相对于传统媒体而言的，是继报刊、广播、电视等传统媒体后发展起来的新的媒体形态，是利用数字技术、网络技术、移动技术，通过互联网等渠道，以及电脑、手机、数字电视等终端，向用户提供信息和娱乐服务的传播形态和媒体形态。当前，大量社会热点在网上迅速生成、发酵、扩散，新兴媒体话题设置、影响舆论的能力日渐增强，传统媒体的舆论引导能力面临着严峻的挑战。群众文化的发展需要推动传统媒体与新兴媒体的融合发展，这意味着既要遵循新闻传播规律和新兴媒体发展规律，坚持以先进技术为支撑、以内容建设为根本，推动传统媒体与新兴媒体的深度融合，形成立体多样、融合发展的现代传播体系，又要一手抓融合，一手抓管理，确保融合发展沿着正确的方向推进。为此，我们必须建立科学、有效的媒体管理体制。推动媒体融合，必须坚持发展、融合、管理并进，要对网上、网下、不同业态进行科学管理、有效管理，努力提高管理的科学化水平，使传播秩序更加规范。

三、新媒体视角下的群众文化要满足群众的基本文化娱乐需求

当今世界正处于百年未有之大变局，互联网和新媒体的发展已经引起了人们的高度关注，新媒体在促进整个社会文化发展和创新的同时，也促进了世界范围内各种思想文化的交流，网络正在成为各种社会思潮、各种利益诉求汇聚的平台，成为人民群众利益表达、情感宣泄、思想碰撞的重要载体。我们必须准确把握新媒体发展带来的新机遇、新挑战，清楚地认识到互联网为群众文化建设带来的便利及不利影响。一切事物都在向着高速化和信息化的方向发展，群众文化建设要紧贴时代要求，满足人民群众基本的文化娱乐需求。

第二章 群众文化的形态

第一节 城市群众文化

一、城市群众文化的含义及其形成

（一）城市群众文化的含义

城市群众文化是指在城市地域内形成的以适应异质性非农业人口多层次文化消费需要的一种社会性文化。群众文化的历史告诉人们，代表新兴生产力的群众文化的优秀成果大都在城市产生、保存和传递。从这个意义上讲，城市群众文化的形成显然离不开城市的兴起和发展。城市是人口集中、工商业发达、以非农业人口为主的地域，通常是周围地域的政治、经济、文化中心。人口密集，交通方便，经济繁荣，文化发达，是城市的基本特征。

（二）城市群众文化的形成

从世界范围来看，城市的兴起和发展迄今大致经历了三个阶段：

一是前工业革命阶段。公元前 7000 年左右，在近东地区发生的农业革命为城市的出现提供了基本前提，即剩余食品和有组织的群体活动方式。到公元前 4500 年左右，第一批城市型地域出现在两河流域。稍后在尼罗河谷、印度河谷和中国的黄河至渭河谷地等农业发达地区出现了城市。早期城市的主要功能是防御外敌，提供举办宗教活动、礼仪庆典的场所，同时作为社会的贸易、文化和行政管理中心。随着手工业和商业的发展，一批专业化功能较强的城市得到发展。

二是工业革命阶段。18 世纪中叶，始于英国的工业革命结束了城市中工场手工业的生产形式，代之以机器大工业的生产形式，使经济活动的社会化、专业化得到迅速发展。在聚集效应的作用下，城市得到迅速发展。工业活动的集中造就了新的城市，或扩大了原有的城市。工业活动不断提出的要求，使城市的基础设施和服务系统变得更为完善，而完善的城市生活、生产条件则吸引着更多的工业活动和人口向城市集中。

三是后工业革命阶段。进入 20 世纪以来，随着科学技术和生产力的迅速发展，世界城市化进程加快。20 世纪 50 年代以后，资本主义国家经过战后恢复，在经济上出现了一个迅速发展时期，原来的殖民地或半殖民地国家纷纷在政治上独立，在经济上不断取得新的进步，这一切都有力地推动了城市的发展。例如，世界上 100 万人口以上的大城市在 20 世纪 50 年代至 70 年代由 71 个增加到 157 个，1980 年达到 234 个，2020 年更是达到了 532 个。随着现代科技的发展，整个社会的生产、流通、交换的容量和活动频率提高。因此，现代城市需要具备高效率、多功能和动态化的特点，才能适应社会的需要。在这种要求下，城市的交通工具和各类服务设施不断向高速、低耗、机动和大容量的方向发展。城市职能日趋多样化，生产专业化的进一步发展，使城市中各种专业性行业得到很大发展。

城市地域异质性的增强，对地域整合提出了新的要求。在发达国家的大城市中，新的整合组织，如行业协会、工会、俱乐部、地域性文化服务组织等大量涌现，为城市的发展提供了新的动力。由此看来，在城市这个有机联系的整体中，人类文化得以快速繁荣。于是，与此相适应的城市群众文化也逐渐成为联系不同职业的城市居民精神生活的纽带，并渗透于个人生活的各个方面。

二、中国城市群众文化的基本特征

（一）整合性

中国城市群众文化的服务对象有着不同的职业、兴趣，这就要求城市群众文化必须凭借占主体地位的自我意识，以不同于一般物质客体的存在方式而存在，突出对完善新的经济体制和经济秩序的必要的整体作用，而不能仅停留在单一的服务和被动适应的意义上，即在内容上必须具备丰富多彩的个性特点，并借助具有鲜明时代特色的文化艺术和其他娱乐性活动，使城市群众尽可能地根据自己的意愿选择必需的文化生活资料进行消费。这样，城市群众文化就可以有目的地引导城市群众的文化消费行为，朝着群众文化运动规律的既定方向发展。而城市群众可以通过对必需的群众文化生活资料的消费，享受健康愉悦的文化生活，以满足自身多方面的文化需要。

由于城市群众文化包含了更多的知识性内容，因此在提高城市社会成员的科学文化水平、陶冶他们的道德情操，以及培养其对自己所处社区的责任感等方面，将会起到良好的作用。这就是城市群众文化与其服务对象之间的因果关系在促进城市社会发展中的不可逆的整合意义。换言之，城市群众文化力图利用主体意识中蕴含的聚集意识，通过多样性的文化传播手段，把人的社会生活与客观时空的变换协调起来，以增强人们的城市化意识。

（二）开放性

我们可以从以下两个方面来理解开放性：

一方面，城市在群众文化基础设施的硬件建设和软件建设上，具有较完整的能使群众文化各种机制处于良性循环的自我协调能力，并配备系统化的群众文化组织网络。这些组织网络包括文化系统的群众艺术馆、文化馆、街道文化站和居民委员会的文化室，工会系统的工人文化宫和俱乐部，共青团系统的青年宫和少年宫，教育系统的教工之家、青少年之家及校园文化沙龙等。

这些互相交叉、互相联系的组织网络作为城市群众文化的物质载体，具有上规模、上等级、上水平的质量保证。它既要充分汲取城市整体文化成果中具有特色的内容作为树立自己形象的铺垫，又要自觉地变换活动方式使自身在城市社会成员中产生较强的扩散力和吸引力。

另一方面，城市拥有结构合理的物质基础。它有四种表现：

一是城市具有充足的人力、物力和财力。

二是城市有先进生产力的优势，涉及劳动资料方面的有生产工具、土地使用、运输手段，劳动对象方面有自然资源、原材料，劳动者方面有人力资源、身体素质、文化知识水平、操作熟练程度、生产经营经验、整体管理效果，以及与上述诸方面联系紧密的科学技术水平等。

三是城市具有较高的经济效益，即生产经营活动中所占用和所耗费的劳动时间尽可能小于同时取得的劳动成果。

四是城市具有一整套适应自我生存的经济能力和市场要素，即社会生产与社会消费尽量达到正相关。这种比较扎实的城市物质基础，表明了现代城市生产力全部内容在发展中的开放性特点。

这样，城市群众文化在形式的适用性上，必然会产生与城市物质文明的飞跃同步发展的开放性效果。特别是现代城市生产力的发展，将会在持续更新城市群众文化的形式、内容中发挥巨大的作用，并且事实告诉人们，未来的城市群众文化将在更广阔的领域展开，而历来受人欢迎的能够体现健康的新、奇、乐的群众文化活动方式，将会随着人们需求量的增加而增多。

（三）层次性

受现代城市以社会化大生产和市场经济为社会发展背景影响的群众文化活动，是人与人之间展开的先进科技和文化教育的创造、运用、传播、较量的活动。由于城市社会成员的异质性程度高，因此在城市群众文化活动过程中，显然要针对不同的职业和知识层次人员展开有效的活动。这种有效的活动是多层面的，但其中根本的一条是适应作为城市群众文化活动主体的不同层次的城市社会成员的多方面需要。这样，才有利于城市群众文化向新的领域拓展，使人们对城市群众文化活动主体的把握更加准确。

三、城市群众文化的特殊作用

城市群众文化应是城市向现代化标准建设发展的反映，即高效能的基础设施、高水平的管理工作、高质量的生态环境、高度社会化的分工协作、高尚的文化艺术气氛。因此，城市群众文化的特殊作用从以下两个方面表现出来：

（一）促进城市的文明建设，提高城市作为文化中心的地位

为了实现这个目标，城市群众文化就要主动地致力于城市整体文明程度的建设。它往往以物化了的生产力因素的身份，积极从事城市社会的生产力变革和生产关系变革活动，并且又以意识形态领域的一员，直接或间接地将进步的世界观输送给城市群众，使城市群众理解群众文化在加速人类文明进程中的深刻意义，从而提高城市作为文化中心的地位。

（二）满足城市居民的文化需要，提高城市社会成员的文化素质

城市群众文化在活动范围上较多地接触城市群众，所以它在内容的布置上往往显露出超过农村或乡镇的文化生活需要的量。它除了在本质特征和运动规律上进一步强化自己的属性外，还将城市群众的整体文化需要主动储存到自身的调控机制中。这样，当城市群众文化进入流动状态时，既要折射出普遍的、浅显的、适应一般城市居民欣赏水平的文化艺术活动，又要发挥其特殊的、深刻的精神活动能力，促使城市居民新的文化生活方式的形成。

由此引发出城市群众既要努力继承传统的优秀文化成果，又要努力创造出现代的文化成果。这样，城市群众文化显而易见的引导和示范的职能，在循环往复的活动中转换成动力机制，促使城市群众的物质生活条件的改善和整体文化素质的提高不产生偏离，直至达到为优化城市生产力服务的目的。

第二节　乡镇群众文化

随着我国经济的快速发展，人们的物质生活水平不断提高，文化产业越来越受到人们的重视。乡镇群众文化的建设是我国精神文明建设的重要内容，也是促进乡镇文明发展的重要工作，对乡镇群众的个人素质及生活品质都有着巨大的影响。

一、乡镇群众文化的含义及其形成

（一）乡镇群众文化的含义

乡镇群众文化是指介于农村与城市之间的行政建制镇形成的以兼容非农业居民和农业居民的文化需要为主体，吸收和消化城市群众文化后形成的一种社会性文化。

构成乡镇群众文化的要素有以下四个：

一是乡镇地处城市与农村之间，因此乡镇群众文化在城乡物质、文化交流的网络中

具有桥梁作用。

二是乡镇的社会成员具有混合型的人口结构。乡镇是农村剩余劳动力的转移场所，由于剩余劳动力的转移形式不同，乡镇人口结构表现出复杂的混合形态。按照居住形式进行划分，乡镇人口可分为住镇人口和摆动人口两种。前者工作、居住固定在镇里；后者则在镇里工作，而回到居住的村庄休息。乡镇社区的混合型人口结构表明，乡镇地域的居民与农业、农村有密切的关联。

三是乡镇的经济基础具有较强的自主性。在乡镇，相当一批企业是依靠农村集体经济积累和农民自筹资金建设起来的，这些企业在很大程度上依赖市场，这决定了乡镇经济基础有较强的自主性，即企业对经营方向、方针和方式有很大的决定权。这种自主性使乡镇经济立足市场需求，通过创造新的经营机制，促进企业高速发展。

四是乡镇具有城乡结合的文化生活方式。乡镇群众文化体现着城市与农村两种文化的结合与交融，既有所处农村地区的农村群众文化的特质，又有城市群众文化的特点，两者根据乡镇的特点融为一体，形成乡镇地域别具一格的群众文化体系。由于乡镇居民大多是新近从农村转移而来的，他们的文化生活方式和价值观念自然带有农村特色。但在较为接近现代的生产方式和城市群众文化的影响下，乡镇群众文化往往根据自己的条件和需要，将城市的文化生活方式加以改变后采用，这种改变对促进城市文明向农村渗透有重要的意义。

（二）乡镇群众文化的形成

乡镇群众文化的形成，还要依赖于乡镇的形成与发展。乡镇，又称为小城镇，是具有一定人口规模并聚集着一定规模的非农业活动的聚落。乡镇一般是在集市的基础上发展起来的，至今已有六千多年的历史。在春秋时期，集市贸易已具有相当规模。自秦汉以来，集市贸易日趋繁荣。在东晋南朝时，集市已普遍存在。"集"的发展，带动了镇的发展。在位置适中、交通便利、规模较大的集市所在地，先是有人为了方便交易者的食宿，开设了饭店、客栈等，随后又有工商业者前来定居、经营，集市所在地便逐渐成为具有一定人口规模和多种经济、社会活动内容的聚落。中华人民共和国成立以后，随着经济的发展，在战乱中遭到破坏的乡镇逐渐恢复了生机，许多乡镇成为工商、交通、建筑、服务业和文教卫生事业共同发展的具有多种功能的农村中心。乡镇的发展，拓宽了群众文化的活动区域，丰富了群众文化的内涵，也使一种新的文化类型，即乡镇群众文化脱颖而出。

二、中国乡镇群众文化的基本特征

由于各国的规模经济和集聚经济的侧重点不同，因此乡镇化的程度和乡镇群众文化的模式也不相同。中国的乡镇群众文化具有普遍性与特殊性相结合的意义。中国乡镇群众文化的建设方针是开放搞活、扶持疏导、面向群众、供求两益。多体制、多渠道、多层次、多形式是乡镇群众文化建设的原则。有计划地、按比例地开发国家办的、集体办的、个体办的乡镇群众文化项目，科学地、有组织地开展多种形式的乡镇群众文化活动，是繁荣乡镇群众文化事业的必要途径。中国乡镇群众文化的基本特征，主要表现在结构性、延伸性、目标性上。

（一）结构性

乡镇群众文化一般具有相应的主客体之间互相依赖、共同促进的运行模式。这种模式有其明显的结构特点，它大致有两类：

一类结构为纵向型。纵向型一般都是单一的，是与群众性文化艺术产生联系的类型，它所表现出的是一个较为严密的群众文化实体单位，它的人、财、物、工作都落实在同一个作用点上。在中国的乡镇群众文化中，纵向型结构又分为两种：一种是由乡（镇）人民政府直接管辖的文化站、文化艺术服务部、文化科技咨询服务站等直接与群众文化本体有关的要素；另一种是农民文化馆，或称文化中心站，它也是一个完整的、独立的文化经济实体，内部通常设有各种文化艺术活动部门，诸如书报阅览室、影剧场、民间剧团等，实行统一管理。

另一类结构为横向型。这种结构的文化是一种广义的文化，高度集聚了各种文化科技设备设施，各种科技、教育、卫生、体育和文化艺术活动单位。具体地说，是在一个较大的乡镇上分别设有文化站（或文化分馆）、农技站、广播站、影剧院、体育场、学校、医院、工艺美术企业，以及各种业余文化体育组织等。它们都是各自独立的实体，其中，有国家办的，有地、市、县办的，有区、乡（镇）办的，也有集体和个人办的。业余性质的群众文化娱乐活动往往是工矿企事业单位和群众自行组织的，它们的人、财、物及工作分布在每个独立的实体中，各方间通常互不涉及，倘若要举办某项大型的群众文化活动，则往往通过所在地域的政府部门予以适当协调，或实行统一计划和统一安排。

上述两类结构形式，在中国乡镇群众文化中基本上是并存并立的。

（二）延伸性

中国乡镇群众文化具有较强的综合性和社会性的参与意识，即在乡镇所在地域的政府机构的管理下，以社会主义思想为指导，将文教、科技、卫生事业，文化企业，以及专业或业余文化艺术活动合而为一，还延伸到多个领域，成为乡镇群众文化建设的基地。中国乡镇群众文化的主要服务内容是普及文化、教育、科技、卫生等知识技能，以满足广大乡镇群众对文化娱乐生活的需求，提高他们的科技、文化、体育与健康水平，以促进乡镇的现代文明建设。

为了使服务内容落到实处并产生整体效益，乡镇群众文化往往将强烈的文化意识延伸到乡镇的其他各个社会组织中，促使他们在主体与客体之间产生较大幅度的互动、整合，从而相互合作、相互支持、相互协调、相互补充。

（三）目标性

无论乡镇的地域范围和人口覆盖面积是大，还是小，群众文化的设施建设都将随着乡镇经济的发展而日趋齐全、完善。这样，必然会使乡镇群众文化设施建设上的目标性程度逐渐提高。

其一，可以有目的地激发集体和个人投资兴办乡镇群众文化设施的积极性，即国家通过增加对乡镇群众文化设施建设的必要资金投入，以此刺激集体和个人兴办乡镇群众文化设施，促进乡镇群众文化的"硬件"建设。

其二，可以有目的地调整乡镇群众文化设施建设的投资比例，即国家对乡镇群众文化设施建设实行一些鼓励性的倾斜政策，文化主管部门主动介入制定乡镇群众文化建设的规划，并对其建设规模、所处地理位置、投资比例等拥有相应的建议权利和控制义务，使其基础设施建设能遵循群众文化的活动规律，使有限的投资产生良好的效益。

其三，可以有目的地建立健全乡镇群众文化的管制机制，其中包括归口使用机制、扶持巩固机制、保障文化秩序机制等，以此加强乡镇群众文化设施建设，提高服务效率，使乡镇群众文化的社会效益和经济效益共同构筑在系统性的科学管理基础上。

总之，目标性不是抽象的，它要求乡镇群众文化必须具备系列化的形式、内容、活动和设备设施，形成相应的运转体系，使乡镇群众的文化心态、文明程度、道德水准等与现代乡镇群众文化的先进性相适应，最终达到彻底改善乡镇地域中人际关系的目的。

三、中国乡镇群众文化的特殊作用

乡镇群众文化以乡镇为依托，融国家办文化、集体办文化、个体办文化于一体，以丰富多彩、活泼健康的活动，满足乡镇群众求新、求美、求知、求乐的生理需要和心理需要，还以其独特的辐射、引导等作用，改变着周围农村群众的生活观念和思想情操。因此，中国乡镇群众文化的特殊作用主要表现在加速中国农村群众文化建设上。

（一）乡镇群众文化的基础建设，为推进农村群众文化建设提供了有利条件

乡镇群众文化的基础建设主要指已经建成的国家、集体、个体三级共建网络，它分为"硬件"建设和"软件"建设。硬件建设是指国家、集体、个人对文化设施设备的资金投入所产生的物质成果；软件建设则指有一支相当规模的业余群众文化艺术组织骨干和群体，以及一个多层面的群众文化活动格局。这些都是推进农村群众文化建设必不可少的有利条件，能够为农村群众开阔新的群众文化事业建设视野，拓展新的群众文化事业建设思路，并为培养周围农村群众的良好文化心态，做好物质上的准备。

（二）乡镇群众的文化参与意识，为推进农村群众文化建设创造了良好氛围

乡镇既是农村发展市场经济的集散地，又是农村地域的文化、教育、科技事业的窗口，是传播新思想、新道德、新观念的桥梁，所以乡镇群众的文化参与意识较农村群众活跃。这种参与意识大致表现为直接参与和间接参与两种类型。直接参与是指乡镇所在地域的国营、集体、乡镇企业自觉兴办各类群众文化活动。间接参与是指乡镇所在地域以家庭为单位自发开展各类群众文化活动。由于乡镇群众的文化参与意识往往比农村群众更强，更有领先性和超前性，所以会促使农村群众文化出现相应的转机：

一是从单纯依靠国家办文化提供单向服务，转变为以乡镇群众文化为枢纽，牵动农村群众文化朝多渠道、多层次、全方位办文化的方向发展。

二是从原来简单、直观的娱乐活动，转变为融德、智、体、美于一体的具有较大广泛性和较强综合性的文化普及活动和文化提高活动。

三是从原来组织群众开展文化活动以村级俱乐部为着眼点，转变为以乡镇为中心，

同时巩固和完善村级俱乐部的存在。

（三）丰富多彩的乡镇群众文化活动，为推进农村群众文化建设发挥导向作用

在乡镇，社会性的群众文化活动和自娱文化活动往往交织在一起，并且逐步改变着人们的文化生活方式，日益在人们的文化活动中发挥"场"的力量，其主要原因有三点：

一是乡镇政府部门把群众文化建设纳入乡镇经济建设和社会发展的总体规划中，尽可能地使乡镇群众文化呈现朝气蓬勃、功能健全的局面。

二是乡镇的文化主管部门在指导乡镇群众开展文化活动时，能够充分行使组织、辅导、宣传、管理、调研、联络、服务和协调等方面的综合职能，为乡镇群众文化活动的举办发挥能动作用。

三是坚持把面向农村、提高农村群众的文化素质贯穿到经常性的乡镇群众文化活动之中，使乡镇群众文化的活动主体产生较强的吸引力和广泛的社会性，乡镇群众文化通过导向作用，使农村群众逐步增强对农村地域文化建设投入的兴趣，进一步理解群众文化在发展农业生产力中的潜在效益，同时也使农村群众真正认识到在生产劳动之余，能够得到健康有益、内容多样、形式别致的文化娱乐，是社会发展和时代进步的需要，是激发他们劳动热情、转变生产力机制的一条行之有效的途径。

总之，乡镇群众文化在推进农村群众文化建设这条"链"中，是一个很重要的中间环节。

第三节 农村群众文化

开展农村群众文化活动，不仅有利于提高农民群众文化素质和思想水平，而且有利于农村文化建设。农村群众文化活动并非单一个体的行为，而是一种群体现象，是人类社会在历史长河中发展的一个产物，同时发挥提高农村群体综合素质，促进农村个体内在素养的提升与外在行为的规范作用。农村群众文化活动开展得好与不好，关系着广大

农民的根本利益，农村群众文化活动的进步也可以带动人类文明的发展。

一、农村群众文化的含义及其形成

（一）农村群众文化的含义

农村群众文化是指聚集在农村地域范围内的社会成员在农业生产劳动中形成的一种社会性文化。农村群众文化作为群众文化的一类，有其相对独立的构成要素：

第一，它是以一定的农业生产关系与其他社会关系为纽带组织起来的，具有一定数量规模的、自觉参与群众文化活动的人群。

第二，它拥有人群赖以进行群众文化活动的、有一定规定范围的农村地域或农民群众参与文化活动的聚集场所。

第三，它有一整套相对完备的、可以满足大多数农民基本精神生活需要的文化生活服务设施。

第四，它有一系列相互配合的、可以满足农民群众文化生活需要的制度和组织。

第五，农民对所占有的文化消费在生理上和心理上的认同和归属。

在具体理解这五个要素时，要运用同一事物中不同组合成分之间的观点。其中，人群是农村群众文化的主体，地域或聚集场所和文化生活服务设施是农村群众文化的物质基础，制度和组织是农村群众文化的调控手段，文化消费是农村群众文化的互动机制。

（二）农村群众文化的形成

中国是世界上最大的发展中国家，又是农业大国，中国的农村群众文化与农业生产力的基本协调发展，具有典型意义。中国农业生产力的发展，是从传统的封闭型的自给自足的小农经济为主体的家庭农业中起步的。在相当长的历史时期里，农民群众仅凭着原始的土地意识，从事一些单一的农业产品生产活动。而因时因地产生的属于中国农村群众文化范畴的一些文化形态，只能与当时不发达的农村经济基础状况相适应，并且暴露出先天的自发状态的不确定性、不稳定性、封闭落后性。

自 1978 年以来，随着家庭联产承包责任制的实行，我国农村发生了巨大变化。农村经济结构发生了巨大变化，剩余劳动力从土地上转移出来，为农村致富开辟了道路。农村经济逐步纳入全国统一的市场经济体制，并逐步与国际市场接轨。这些变化大大加快了中国农业现代化的进程。

中国农村社会主义生产力和生产关系的调整、完善和发展，一方面，猛烈地冲击了农民群众历史上形成的保守落后的生产意识和思想观念；另一方面，充分解放了农业生产力，使农民群众具有自觉地运用先进生产工具和农业科技从事生活资料生产的意识。

由于农业经济诸方面的客观因素的相互作用，中国的农民群众日益感到物质生活的丰富，满足物质生活不再成为他们在日常生活中所追求的唯一目标，而科学技术、文化教育成了他们日益增长的生活需要。由此得出，农业地域的发展突出表现为专门从事农业经济活动的农业人群的形成，而在农村中不断发展的新的经济基础，恰恰又成了农村群众文化得以客观存在的条件。

二、农村群众文化的基本特征

农村群众文化是农业地域内社会性文化活动和人际关系的集结，所以不同的聚落形态对农民群众的文化需要有不同的影响。那么，要想分析和归纳农村群众文化的基本特征，首先要了解农业地域的一般类型和特点。

按农业地域的经济活动内容，可以把农业地域分为农村、山村（林业）、牧村、渔村，以及随着社会主义市场经济的发展，在农业地域出现的以从事某种经济活动为主的专业村。

按人群聚落形态，可以把农业地域分为三类：一是散村（点状聚落），即以孤立的农舍为基础作点状分布的村落；二是路村、街村、沿河村（线状聚落），即沿路、沿街或沿河而建的村落；三是团村（块状聚落），这类村庄规模较大，建筑物采取周边加行列式布局，即一部分建筑长边沿街，大部分建筑采取有规则朝向的布局。

农业地域通常有以下五个特点：

第一，人口密度稀疏，地域成员的异质性低。

第二，家庭功能健全，血缘关系浓厚。

第三，群众文化活动有明显的季节性，生活节奏较慢。

第四，群众生活水平参差不齐。

第五，群众文化有明显的地方特色和传统特色。

根据农业地域的一般类型和特点，农村群众文化呈现归属性、直观性和季节性的基本特征。

（一）归属性

农村群众文化往往要运用一定的表现形式服务于广大农民群众，而农民群众在接受某种文化形式和文化内容时，会产生逐步吸收、逐步消化的归属过程。这种归属过程体现在农村群众文化的本体面对异质性较低的被接受者时，要选择怎样恰如其分的形式或内容，才能便于农民群众理解和接受。

农业地域社会成员的认识水平，使发展中国家的农村群众文化形态与农民群众产生以下互动关系：

一方面，农村群众文化在内容的设计上，尽可能地联系现实农业社会的政治、经济、文化的实际情况，以及农民群众普遍关心的切身利益问题。在形式上，要尽量采用一些平实的、通俗的、能够触发农民群众真情实感的种类，使农民群众在采纳文化信息时，形成一个环形的接收圈、一种可以归属的心理感受。

另一方面，农村群众文化在确定主体意识的过程中，往往更多地考虑因地制宜、切合实际的特点，发挥它在农民群众中较强的传播能力、导向能力、感染能力，以及确定应当达到的目标，其中包括应该制定哪些科学的、有效的文化策略。农村的社会生活并非一成不变的，且群众文化也可能遇到让农民群众去接受、理解一些较深的甚至复杂繁多的内容的情况。面对这种情况，就要及时发挥农村群众文化主体意识中的能动作用，适当采取一些通俗化的措施，如图解式的、比较式的现身说法等，灵活而又巧妙地把那些"阳春白雪"化难为易、化繁为简，使农民群众在对文化价值的认同和归属的氛围里消化农村群众文化的内容，缩短认识上的差距，进而使一种意识，即自觉地接受并且主动地参与各种类型的农村群众文化活动的意识，得以形成。所以，农村群众文化的归属性会使更多的农业居民投入到开发现代农业的文化成果的活动中去。

（二）直观性

任何事物都有它的形式，也有它的内容。当任何事物处于稳定状态时，都需要相应的形式与内容的统一。但是，事物在联系和发展的过程中，往往具有二重性：一是与内容不直接相干的、非本质的外在形式，二是与内容紧密相关的、本质的内在形式。形式与内容之间并没有绝对的界限，在一定的条件下，作为一定内容的形式，可能成为另一种形式的内容，这就是内容与形式在事物发展中的辩证关系。

农村群众文化也不例外，它在内容与形式方面，往往具有较多的适合农民群众精神调节需要的文化艺术活动成分，所以它的本体始终具有直观性。有时候，这种直观性需要人为地创造。由于社会发展的渐进性的客观原因，一些农民对文化信息的接收和反馈只停留在与农业现实的经济基础状况基本适应的水准上。倘若使这个水准产生偏差而不破坏它的本质，就要求在展现农村群众文化的直观性时，应有意识地把某些内容进行必要的加工和锤炼，运用形象化的处理方法，使之产生较强烈的视觉效果和较清晰的听觉效果。

然而，除人为地设计直观性的内容外，某些直观性确实是自然形成的，并作为社会传统流传下来。例如，每个国家都有自己的、具有某些特质的、具有明显的历史文化痕迹和民族民间遗风的农村群众文化景观。由于这些景观流传已久，早被广大农民群众所熟知，故而这些文化景观就会以其特殊的、深刻的直观性受到广大农民群众的喜爱和欢迎。即便某些文化景观在形式上或者新旧不一、或者繁简各异，但是由于其直观性的客观效果，仍然会成为对某种新的内容的一种别开生面的补充。

（三）季节性

在农村，农民群众在长年累月与自然界的抗争中，形成了属于自己的日常生活习性。这种日常生活习性与土地使用的效率、农作物生长的周期，以及气象状况密切相关。在农业生产劳动与群众文化活动两者的价值取向中，一些农民往往先进行必要的选择和比较，把前者确定为主要的，而把后者确定为次要的。

由于有了与农业生产劳动密切相关的一系列物质生产活动的客观存在，农民群众便在文化活动的时间和空间安排上，具有了像耕作、收获那样的季节性。这是农村群众文化发展的客观规律之一。假如违背了这个规律，那么即使是内容很真实且形式很新颖的群众文化活动，也难以拥有更广泛的参与者，难以达到理想的效果。所以，强调季节性，实际上是强调农村群众文化的特性，是强调开展农村群众文化活动因时因地的客观性和科学性。

实践证明，农村群众文化活动一般是在农闲季节和传统节日开展，效果也很显著，其原因是农闲季节和传统节日大多是农民群众生产活动和社会活动中的闲暇时间，也是他们热切需要以更多的精神生活调节其体力、充实其业余生活的时刻。在这段时间里，他们的精神活动显然比农忙时更放松、更舒展，文化活动的精力较充沛，文化娱乐生活中的空间部分也较广阔。假如是丰年，他们就要为五谷丰登而载歌载舞；假如遇到灾害，他们就要为重建家园而鼓足干劲。因此，在农村群众文化这幅全息图景中，季节性就像坐标系中的交点一样，有规则地、按次序地分布在其中，并且具体地指示出这幅全息图在事物运动过程中的范围大小、程度高低、一定单位时间内的规模如何。所以，季节性既是贯穿农村群众文化客观存在的主线，又是最能体现农村群众文化价值观认同的标记。

三、农村群众文化的特殊作用

农村群众文化是农业地域的社会意识形态的客观产物，所以会折射出所处的农业地域的一定社会历史阶段的经济基础的状况。可以这样认为，农村群众文化是在特定的农村社会政治、经济、文化形态的制约下生长、发育的，反过来又促进特定的农村社会的政治、经济、文化形态逐渐由低级向高级发展。因此，农村群众文化在促进农业现代化的进程中，具有特殊作用。

（一）提高农民群众的思想觉悟，使他们进一步摆脱愚昧落后状态

要把传统农业转变为现代农业，建立起广泛采用现代生产工具、现代科学技术和现代经济管理方法的农业生产体系，就必须提高中国农民的整体文化素质。而介入其中的中国农村群众文化应当从重视智力投资出发，积极为大力发展农业教育、研究和推广农业科学技术、普及农业科学技术知识培养一支适应农业现代化建设需要的农业技术和管理人才队伍服务。同时，在群众文化传播的方式方法上，要拟定系列性、持久性的实施方案，使中国农民真正成为适应现代农业社会发展的新型农民。

（二）提高农业生产社会化程度，发展农业生产力

改革开放以来，中国农村的社会结构发生了一系列变革。变革的主题以引进市场经济体制和提高农业生产经济效益为中心。由此引发坚持改善农业生态系统，不断提高土地生产效率，并在此基础上大幅度提高农业劳动生产率的农业生产方针。在逐步调整农业经济结构方面，建立健全了专业化与综合发展相结合的农业生产结构和农村产业结构。中国农民开始理解农业生产社会化在发展现代农业中的中坚作用。农民群众在生产

活动领域的拓展，也给农村群众文化增添了新的内容。它要求自身每开展一项活动，必须有一个明确的导向，那就是积极地为农业生产社会化程度的提高"鸣锣开道"。

而随着现代农业社会的不断发展，农民手中的生产工具机械化程度日益提高，农业生产向有机农业与无机农业相结合的转变也将增速，由此会使以市场调节为主促使农业劳动力向其他产业领域渗透，以及如何处置农村剩余劳力的出路等问题，得到妥善解决。这些有利因素都会促使中国农村群众文化深入农业生产前、生产中、生产后的服务和各地域、各部门的分工协作，以及发展农村市场经济等过程。

不过，我们也要看到事物在发展中是多因素互相联系的。农村群众文化毕竟不是一种包罗万象的能超越农村社会物质条件而存在的文化类型。那么，从事物的量变因素与质变因素相互作用产生新的飞跃的辩证观点出发，农村群众文化在提高农业生产社会化程度和发展农业生产力中，其效益也许是间接的、潜在的，并且更多地保留以文化意识为导向的文化普及行为的因素，所以它的特殊作用的客观表现往往不是立竿见影的，而是隐形的。

（三）发挥自娱性文化的优势，丰富农村群众文化

农村群众文化拥有被广大农民群众所认同的文化艺术普及与提高中的自娱性成分的特殊作用。农村群众文化在自身的文化孕育和文化发展中已经开拓出一条环环相扣的沿革路线，成为农民群众生活中不可缺少的组成部分。因此，农民群众会不受拘束地以接受者和参与者的双重身份，加入所处地域的各式各样的文化艺术活动的行列。由于农村群众文化艺术活动具有情绪性、松懈性等特点，出于协调物质生活和精神生活的不同需要的目的，身为活动者的农民群众更看重群众文化艺术活动在消除疲劳、恢复体力等方面的实际效果。这样，事物的主体和客体在繁荣农村群众文化中的目标都是相同的。

第四节 家庭群众文化

家庭是社会的细胞，家庭文化是群众文化建设的重要组成部分，它直接关系到整个社会文化建设的水平。家庭文化的服务对象是构成家庭的每一位成员，这些成员之间存在着其他关系不可替代的婚姻关系或血缘关系，家庭是以亲情关系为纽带的最为紧密的人际关系群体，成员间的关系更加紧密、微妙，互动性较强，因而家庭文化的内涵更为深厚。

一、家庭群众文化的含义及其形成

（一）家庭群众文化的含义

家庭群众文化是以单个家庭构成的或一个家庭成员与另一个家庭成员之间在自由时间里从事的具有群体性文化娱乐活动为特征的一种社会性文化。家庭群众文化的特殊作用是联络感情、增进团结。

（二）家庭群众文化的形成

在社会群体中，一夫一妻制的个体家庭是在原始社会末期私有财产出现的基础上产生的社会生活组织形式。个体家庭的出现，经历了一个漫长的过程。从最初的在原始群体中实行各种形式的群婚，逐渐形成了以血缘纽带联系起来的母系氏族公社，这是由于早期氏族公社生产力稍有发展，男女在生产过程中开始有了自然的分工（男子从事狩猎，妇女从事采集、初步种植植物），妇女的生产比较稳定可靠，并在原始社会的生产中占据比较重要的地位。原始社会的生产由狩猎向畜牧业和农业进一步发展，畜牧业和农业生产要由男子负担，于是男子在生产中的地位越来越重要，母系氏族公社便被父系氏族公社所代替，并逐渐出现了父系家长制家庭。畜牧业和农业生产力再向前发展，生产已有可能不依靠群体的共同劳动来进行，而由较小的个体单位来进行，同时私有制的出现，要求形成各自独立的经济单位。这样，就逐步产生了一夫一妻制的个体家庭。

在阶级社会里，一夫一妻制的个体家庭是建立在男性支配和奴役女性的基础上的，这时的一夫一妻制义务，实际上只是片面地要求女方遵守。这种一夫一妻制的个体家庭形式，是私有制生产关系的必然产物，是为私人的财产占有权和财产继承权服务的生活组织形式。它以私有制为经济基础，既担负着繁衍后代的职能（对劳动者家庭来说，是劳动力的再生产的职能），又是私有财产占有的单位。就后一种意义来说，它也是一个经济单位。个体生产一般都是以家庭为单位进行的，这种家庭是生产的单位。在资本主义大生产的条件下，工人都在资本家的工厂里进行生产，家庭就成为单纯的消费单位，而不再是生产的单位。由此可见，家庭的性质、职能，是随着人类社会生产方式的发展而发展的。

家庭的制度以及与之相联系的伦理观念、法律观念、文化观念，也是随着经济关系的变化而变化的。所以，与封建社会的经济基础相适应，产生了封建的家长制度和家庭内的尊卑等级，即父子、兄弟、夫妇的不同地位，以及维护这一制度的国家法规和家规及其道德文化观念。在封建家庭里，族权、父权、夫权控制着一切。对于封建主阶级来说，农奴阶级家庭是处于从属地位的。与资本主义经济基础相适应，资产阶级扯去了罩在家庭关系上的温情脉脉的面纱，把这种关系变成了纯粹的金钱关系。资产阶级的法律和道德，实际上是把这种资产阶级的家庭关系奉为至高无上的神圣原则。在工人家庭中，由于资本主义大机器工业的发展，把妇女吸引到生产劳动中，使妇女开始从宗法制度和家长制度的束缚下解放出来，提高了她们在家庭中和社会上的地位。

随着社会主义革命的胜利、剥削制度的消灭和公有制经济的日益发展，获得生存权利的男女在政治上、经济上，以及在社会生活的各个方面，都处于平等的地位。只有到了这时，一夫一妻制对男女双方才是现实的。在社会主义制度下，家庭关系发生了根本变化，人们才有可能摆脱封建主义和资本主义的家庭制度及相关的伦理观念、法律观念和文化观念，建立真正平等、团结、和睦的社会主义新型家庭。

总之，作为社会生活组织形式的家庭，既反映了社会经济基础的特点，又反映了社会上层建筑的特点。它与整个社会形态，首先是经济基础之间有着内在的、密切的联系。它的职能、性质、形式、结构，以及与它相联系的伦理观念、法律观念和文化观念，迟早都会随着生产方式的变革而变化。

根据家庭反映社会上层建筑的特点，家庭与群众文化又有着密切的联系。

一方面，群众文化具有广泛的群众性。从古至今，无论人们的年龄、性别、教养、生活条件、社会地位、风俗习惯有何不同，总是对文化各有所求，特别是在紧张的生产劳动之余，都需要有轻松、愉快、生动活泼的文化生活作调剂，以满足自己的文化需要，并表现出以家庭为单位参与社会性的文化创造活动和家庭成员自身的自娱自教的需要。

另一方面，自家庭形成以后，任何时代的任何家庭的社会生活的组织部分只能有两个要素，一个是物质生活，另一个是精神生活。

尽管客观上存在着以婚姻关系和血缘关系划分的小家庭或大家庭，而且它们的类型、规模都不同，但它们都有以下两个共同之处：

其一，家庭成员都是群众文化活动的欣赏者或参与者，无论老、中、青、少、幼，都需要相应的文化生活。

其二，家庭的生育功能、教育功能、感情功能、保障功能及经济功能，与群众文化的不同社会功能相似。

所以，自从家庭形成以后，作为上层建筑意识形态内容的群众文化，就渗透到每个家庭的日常生活之中，这种家庭群众文化随着家庭的延续而发展。

二、中国家庭群众文化的现状及其认识意义

家庭群众文化是社会成员文化生活方式的一个主要部分，是群众文化发展的标志。家庭群众文化的健康发展，对社会稳定、社会发展和繁荣群众文化事业，都具有积极的作用。为此，可以在分析家庭群众文化现状的基础上，进一步理解家庭群众文化的认识意义。

在中国漫长的封建社会里，家庭曾经被看成维持社会秩序的最主要因素，是社会控制的核心之所在。汉语中的"国家"一词从字义上表明，"国"与"家"是难以截然分开的，"国"就是"家"的扩大，"家"就是"国"的缩影。两者之间的紧密相关不能不对人们的社会生活（私人的和公共的）产生深刻的影响，特别是在社会大动乱时期，国破必然伴随着家亡。

中华人民共和国成立后，随着社会政治生活的巨变，在家庭群体的活动方式、内部的结构状态、成员关系，以及功能等多方面，都发生了变化。其中，更多地表现了这一群体发展的新特征：

一方面，在形式上，家庭规模开始缩小，出现了"简缩"趋势，特别是城市核心家庭（即由一对夫妻与其未成年子女组成）的比重上升，这种结构变化涉及家庭内部成员关系、义务、责任，以及活动方式的变化。

另一方面，家庭群体的功能变化引人注目，值得人们重视的是，随着社会经济政策的转变，原来被取代的家庭生产力功能在一定程度上得以恢复，即城市出现大量的家庭手工业和经营单位，农村的家庭联产承包责任制实际上围绕着家庭来组织生产、经营，在家庭成员关系中强化各种经济因素（分工、分配等）。这无疑会对家庭群体的其他功能的变化趋势产生影响，也表明在中国社会主义现代化过程中，家庭群体的作用是极其独特的。

此外，家庭内部关系的变化，反映在亲子关系和夫妻关系的变化方面。在过去相当长的时期里，生育是中国家庭的主要功能，亲子关系由此成为第一关系，男性占有绝对主宰地位。随着社会生活的变化，夫妻关系的重要性开始上升，与此相关，在家庭群体内，夫妻在经济、家务等方面的平等关系受到重视，男女平等观念开始普遍被接受。上述因素说明，中国家庭群体的变化，对家庭群众文化的发展产生了深刻的影响。

第一，家庭群众文化由单一化转向多样化。在过去较长的时间内，家庭群众文化由于受不发达的社会物质条件的影响，文化活动项目往往是纵向的，大多局限在个别家庭活动上。而随着社会生产力的解放和人民群众经济收入的提高，家庭群众文化在内容和形式上，都与社会发展的进程日益贴近。特别是随着城市现代大工业的形成和农村乡镇化的出现，先进的文化娱乐工具逐渐进入单个家庭，使家庭内部的文化生活更加丰富并朝着多样化方向发展。

第二，家庭群众文化由低层次转向高层次。

一方面，家庭群众文化的"硬件"由低级向高级发展，主要表现为现代视听设备不断涌入城乡普通家庭。这些现代传播技术和设备的普遍应用，能够给家庭成员提供信息，并能丰富生活、启迪思想、陶冶情操，以及扩大家庭成员的视野等。

另一方面，家庭群众文化的"软件"由低级向高级发展，主要表现为家庭成员对科学文化知识的认知结构的改变。越来越多的家庭成员对家庭群众文化的兴趣爱好，逐渐由一般的娱乐性需要转变到知识性需要，以不断提高自己的科学文化知识素养，来适应现代社会生活不同方面的需要，适应新的生产力构造的需要。特别是随着现代大工业社会的到来，每个家庭成员越来越渴求知识的高结构，即广大工人家庭的在职人员积极吸收科学文化知识，逐渐向高智商方向转化。广大农村家庭的成年人员，由勤劳致富逐渐走向科技兴农与科技致富相结合的道路；广大城镇家庭的成员，根据不同的职业特点，逐步运用文化教育知识向科技高峰攀登。

第三，家庭群众文化由以观赏性活动为主转向以参与性活动为主。也就是说，越来越多的家庭成员不满足于对一般视听效果的接收，其欣赏意识逐渐转向能够充分表现自己个性的群众文化活动上来。这并不是一种偶然的、短期的文化行为，而是由一定的客观条件促成的。随着人均生产效率的提高和劳动时间的缩短，社会成员有更多的自由时间用于参加各类群众文化活动。中国的义务教育和社会教育的强化，以及社会成员文化知识水平的提高，对城乡家庭群体主动参与群众文化活动起到了极大的促进作用。

第四，家庭群众文化的规模由单家独户转向多家联户。以家庭群体为单位形成的创造性、竞技性、社交性、表演性和自娱性文化活动的发展，必然使家庭群众文化的规模转向多家联户。其方式除个别活动项目外，一般都要由两个或两个以上的家庭群体相互合作方能进行，以此扬各"家"之长，避各"家"之短，使各"家"互相配合，共享其乐。

中国家庭群众文化是中国社会上层建筑意识形态内容的一个组成部分，它的状况说明了这种文化具有较强的生命力和凝聚力，它为进一步调整现代社会的人际关系，为促进社区性文化建设起到了良好的作用。

总之，群众文化是一个大秩序，家庭群众文化则是一个小秩序。要使它们在现实社会生活中能够协调发展，关键在于人们要依照群众文化的客观规律，适度地变革家庭群众文化中封闭的、自私的、落后的部分，使之与社会发展相适应。

第五节 校园与企业群众文化

一、校园群众文化的定义及其形成

（一）校园群众文化的定义

校园群众文化是指以满足学生精神生活需要为目的，以文化艺术活动为主要内容的一种社会性文化。

（二）校园群众文化的形成

校园群众文化是随着人类社会的教育制度的确立而逐步形成的。在中国，最早的学校是官办学校。它萌芽于原始社会，形成于奴隶社会，至西周，学制体系初成规模，可以作为奴隶社会学制的代表。西周的学校分为国学和乡学。设在王都和诸侯都城的学校叫作国学。乡学是按照当时的行政区划乡、州、党、闾设立的学校。教育内容包括德、行、艺、仪四个方面，而以礼、乐、射、御、书、数六艺为主要学习科目，体现了周代的教育是尚文重武、讲求实用的教育。

春秋战国时期，社会发生了急剧的变化，表现在教育制度上的转变，是官学衰微，私学兴起。孔子对私学的影响很深，他广收各地区、各阶层的学生，培养了众多的门人弟子，而多数门人弟子又继承师业兴办私学。

秦朝为了统一思想，焚书、禁设私学，"以法为教""以吏为师"，这种吏师制度一直延续到汉初。

汉武帝的文化政策是"罢黜百家，独尊儒术"，自此以后，儒家教育统治了中国学校两千余年。汉代兴办官学，建立起中国封闭式社会官学模式和系统。汉代的官学分为中央官学和地方官学。东汉时所设的"鸿都门学"，专习书画辞赋，是中国历史上第一所专门的艺术大学。

魏晋南北朝时期，社会动荡不安，学校教育总的趋势是衰落了。隋朝实行科举，对后代教育影响很大。唐朝是中国封建社会的鼎盛时期，教育事业也极其兴盛、发达，官学数量多、形式多、学生多、制度严密完善。以后历代，官学继承发展，私学作为补充。

鸦片战争爆发以后，中国近代教育制度发生了深刻变化。1905 年，清政府废除了科举制度。中国教育制度史上具有资产阶级民主性的改革是从辛亥革命开始的。1912 年 1 月 4 日，著名教育家蔡元培担任中华民国政府第一任教育总长，1 月 9 日，教育部成立，内分学校教育、社会教育和历象三司。

总之，中国教育制度的产生与发展，是校园群众文化形成的土壤。而随着社会主义建设事业的发展，校园群众文化日益成为教育的有机组成部分。校园群众文化从属于校园文化。关于校园文化，根据文化的多义性，笔者把它分为广义的和狭义的。广义的校园文化指学校物质财富和精神财富的总和。狭义的校园文化则指学校群体精神生活的总和，诸如长期形成的校园精神、文化教育观念、价值标准、道德规范等属于群体意识的非物质要素。原先作为校园文化概念提出的接近于群众文化范畴的课余文化艺术内容，应归属校园群众文化。它包括校园群众文化的活动、工作、事业和理论研究等，涉及科学技术、文学艺术、体育、思想教育、娱乐等师生文化生活的各个方面。这样划分，能使校园文化的属概念与通称的文化、群众文化的属概念相一致，且又保持自身的特色。

校园群众文化是校园文化的一个要素，主体是学生和教职员工，活动方式是自我进行的，教职员工在其中起指导作用。学生和教职员工参与文化活动，是为了获得精神需要的满足和身心健康的全面发展。校园群众文化是一项系统工程，包含着文化政策的制定、文化设施的建设、文化组织的建设、文化活动的开展及文化理论的研究等。其中，学生的文化活动是校园群众文化的核心内容。校园群众文化是群众文化的组成部分。在性质上，它有以下三个内容：

第一，校园群众文化是综合性的文化形态。校园群众文化既包含了文学艺术这个主体内容，又涉及学生文化生活的各个方面。在它的整体内容中，大部分（如文学、音乐、戏曲、美术等）属于意识形态范畴，而小部分（如课外体育等）则属于非意识形态范畴。从总体上看，校园群众文化是综合性的文化形态，它可以从多方面直接影响学生的意识形态。这一社会属性，规定了校园群众文化活动必须把社会效益放在首位这一根本原则。

第二，校园群众文化是弘扬民族文化的基础。一个民族的总体文化艺术素质的高低，反映了这个民族的文明程度。若从一般层次上认识，则以文化艺术为中心的校园群众文化恰好给广大学生未来的文化艺术实践奠定了基础；若从较高层次上认识，则进步、健康的校园群众文化还能够促进学生形成正确的世界观、人生观和价值观。从文化发展的战略角度和提高全民族文化素质的角度来看，正确引导校园群众文化的健康发展，有利于弘扬民族文化、促进人类社会文明的发展。

第三，校园群众文化具有鲜明的倾向性。以马克思主义科学世界观为指导的社会主义群众文化的性质，决定了校园群众文化要以正确的世界观作为指导思想，坚定不移地为广大人民群众的利益和需要服务，坚定不移地为社会主义革命和建设事业服务。

二、校园群众文化的基本特征

（一）广泛性

首先，广泛性表现在学生知识来源的广度上。校园群众文化使学生的知识来源不再局限于课堂这方小天地，可以不受严格的课程标准、教材、时间和空间的限制，而由学生自我选择适合自己个性发展的文化活动，从中汲取知识营养。所以，校园群众文化有利于学生开阔视野、扩大知识面、增加信息量，也使学生的聪明才智得到充分的施展。

其次，广泛性表现在校园群众文化内容与形式的丰富多彩上。它既有大学生的提高性活动，又有广大乡镇和农村中等学校学生的普及性活动。因此，校园群众文化呈现多样的个性化思想教育方式，以与课堂的共同化、标准化的教育相区别。

最后，广泛性表现在校园群众文化活动参与者的范围和规模上。从偏僻的乡村到繁华的城市，从幼儿园到高等学府，校园群众文化的参与者是学生和教职员工，不同的年龄、性别、班级的学生都可以参与自己需要的文化活动。

此外，从知识传播的角度上理解，广泛性还表现在传递信息的及时性上。课堂教学所传输的知识大都是有定论的并经过较长时间积淀的知识，而校园群众文化却能运用新的文化科技工具，及时向学生输送大量新的科技信息。

（二）自主性

校园群众文化不仅仅具有群众文化能动的参与意识的特点，而且更为突出的是具有自主性特点。校园群众文化充分体现了学生学习知识的主体意识，即学生在独立自主的文化活动中主动汲取知识，施展才能，培养自学能力和创造能力。不过，校园群众文化的自主性要适度发展。由于学生在世界观形成方面还不成熟，所以仍然有必要对整体校园文化加以引导，把学生的文化需要与社会的文明建设统一起来，促进校园群众文化在质上、在量上的全面发展。

（三）实验性

从教育心理学上分析，学生时期是人生的"好动"阶段，对事物亲身体验的欲望较强。校园群众文化为他们大显身手提供了很好的机会，具有很强的实验性。在多样化的课余活动中，学生往往自己创造条件、进行组织和辅导、从事设计和创造、检验和总结活动的效果等，这样可以促进学生德、智、体、美、劳全面发展。

三、校园群众文化的特殊作用

教育制度和教育方式是时代的产物，不同的时代有着不同的教育制度和教育方式。从中国的教育史来看，分散、个别的私学教育已成为过去，单纯的课堂教育逐渐被"第一课堂"（课堂教育）与"第二课堂"（以校园群众文化活动为主体内容）并行、配合的新的教育体系所代替。教育要面向现代化、面向世界、面向未来，是全社会成员的共同责任。因此，校园群众文化的蓬勃兴起，正顺应了现代教育的发展方向。从这个意义上去认识，校园群众文化的特殊作用表现在以下五个方面：

第一，校园群众文化有利于弥补课堂教学的不足，提高学生的学习效率。

首先，课堂教学由于标准化、同步化的要求，按统一的课程标准、教材和教学方法进行教学，而学生的接受能力却有很大差别，从而出现教与学之间的矛盾。校园群众文化的发展，有助于学校的统一教学与课外的适应学生个性的学习相结合，学校教学与文化活动相得益彰。

其次，课堂教学在传授知识上存在着时间差的缺陷，而校园群众文化能为之弥补。校园群众文化将日新月异的信息输送给学生，不仅使学生跟上时代的步伐，而且为学生进一步学好课堂知识打下智力基础。

最后，校园群众文化可以调剂学生的脑力活动，提高课堂学习效率。

第二，校园群众文化有利于学生认识世界，优化智力结构。学生是社会主义事业的建设者和接班人，需要认识世界。校园群众文化是学生认识世界的一个窗口。

在丰富多彩的文化活动中，学生可以提高辨别美与丑、善与恶、真与假的能力，获得课堂上难以学到的自然科学和社会科学知识，获得书本上没有的社会生活知识。

第三，校园群众文化有利于学生增强自信心，培养想象力与创造力。

首先，校园群众文化能使学生从中找到表现和发展自己个性的领域，从而树立起民族自信心，成为充满创造激情的勤奋者。

其次，校园群众文化能够培养学生丰富的想象力，进而促使想象力成为知识进化的源泉。

最后，校园群众文化成为学生发挥个人创造力的天地，学生可以采取多种方式在这方天地中施展才能，在实践中锻炼自己的独立思考能力和适应社会发展的能力。

第四，校园群众文化有利于学生提高审美能力，陶冶道德情操。因为美育功能是独特的，有多方面作用，因此学校设有美育课。但是，仅凭学校的美育课对学生实施审美教育是不够的，更重要的是开展好健康活泼的课外文化艺术活动，从而达到更好的审美教育效果。

校园群众文化中的审美教育是多方面的、多层次的立体教育，大多采用陶冶式的、间接的教育方式。它消除了教师与学生的地位差别，可以充分调动学生的学习积极性和主动性，使学生在对艺术形象富有感情色彩的审美活动中，自觉地陶冶自己的情操。

第五，校园群众文化有利于学生提高社会活动能力，强化竞争意识。现代科学技术的发展，对新型人才的品格提出了更高的要求。这些新型人才不仅是各专业门类的专家，而且是适应各种社会生活并具有强烈竞争意识的能手。

虽然，学校是社会的一个重要组成部分，但这个部分的内部活动范围还是有限的，甚至是较狭窄的。而校园群众文化活动可以使学生的社会活动面、社会知识面和社会交际面得到扩展，学生可以从中得到社会活动能力的训练，为将来步入社会奠定基础。

四、企业群众文化的含义及其形成

（一）企业群众文化的含义

企业群众文化具体是指通过企业职工的积极参与、自我娱乐及自我开发，促使企业职工的身心得到愉悦，陶冶企业职工的情操，使企业职工获得知识，提高企业职工之间的凝聚力的一种文化形式。通过构建企业的群众文化，可以培养企业职工的价值观、工作态度、精神信仰，规范员工的行为等。企业群众文化是企业员工形成的一种社会性文化，它既是企业物质文化建设的智力支持与精神动力，又是企业精神文明建设的载体和组成部分。

（二）企业群众文化的形成

企业群众文化是随着企业文化的产生而形成的。所谓企业，是指从事产品生产、流通或服务性活动的经营单位，如工业企业、农业企业、商业企业等。从广义的社会观点来看，企业应该是一个资源转化体，即把劳动力、原材料、资金、设备和技术等转化为有用的产品。在实现转化的过程中，企业自然要求获得尽可能多的利润，但同时必须高度重视为社会提供周到的服务和尽可能多的就业机会。企业在实行资源转化时，必须建立与资源提供者之间的、持续的交换渠道，必须创造和设计自己的一套内在的转化手段和技术，必须疏通、平衡内部与外部的各种关系。因此，企业作为社会的一个基本经济组织，具有自身的文化特征。

"企业文化"一词是在 20 世纪 80 年代初由美国波士顿大学教授斯坦利·M·戴利首先提出来的。他通过对日、美企业的大量比较研究后发现，在许多卓有成效的日本企业取得成功的诸多因素中，起决定作用的因素并不是资金数量、组织形式、经济资源、机器设备和经营技巧，而是"企业文化"。

特伦斯·迪尔和艾伦·肯尼迪在出版的《企业文化》一书中，十分明确地把"企业文化"视为各类企业经营成败的关键因素，强调企业文化是一个企业生存发展的"一只无形的手"。他们对近百家企业进行了广泛调查，结果表明，其中18家杰出企业均有较强的集体意识和共同的价值观念。企业文化无形的"柔性控制"较来自企业经营管理系统的有形的"刚性控制"更具有激励性和持久力，它使由员工个人行为构成的整体企业行为产生最大的功效。

在美国，人们普遍认识到，企业已经不再是一个单纯投入产出组织，而是一个经济、技术、社会、文化诸要素的合成细胞。企业在生产经营和管理活动中，除了争取一定的经济效益外，还要注意自身运转与社会发展之间相协调，重视提高企业的知名度和美誉度，塑造良好的企业形象。

在日本各类企业中，企业文化的核心内容是汲取传统的民族文化精华，结合先进的管理思想，为企业的全体职员树立一整套明确的价值观念、行为规范、工作态度和管理方式，并利用它来帮助企业进行有效的管理。日本企业文化表现为"社风""社训""组织风土""企业信条"和"企业宗旨"等。

企业文化是一种企业管理的方式，是企业管理的最高层次。企业文化是指一个企业、组织和它的全体职工所具有的价值观念体系及其相应的文化教育活动的总和。这就是说，企业文化包括相互联系、相互依存的内隐和外显两个方面。就"内隐"（企业文化的内在本质）而言，企业文化是指企业职工的价值观念、思想意识和工作态度等；就"外显"（企业文化的外在表现）而言，企业文化是指企业的各种文化教育、技术培训、福利安排、娱乐联谊活动等。企业文化就是由企业的内隐文化和外显文化互相统一而形成的企业精神风貌。

那么，怎样理解企业群众文化呢？笔者认为，企业群众文化是企业文化的一个要素、一种文化类型，它是企业文化的外在表现形式。企业群众文化的主要内容有两个方面：

一是文化娱乐活动。它是指企业开展的各种文化体育联谊活动，以及带有文化娱乐性质的庆典活动和传统民俗风情活动，如企业举办的运动会，车间部门之间进行的球类和棋类比赛，单位组织的节假日旅游、交谊舞会、周末俱乐部、文艺演出、联欢晚会和其他各类业余兴趣小组等。它们有助于丰富和调剂职工的生活，有助于职工沟通感情、增加交往、陶冶性情，形成和衷共济、奋发向上的企业精神风貌。

二是思想教育活动。这主要是指企业开展的旨在提高职工文化素质和思想觉悟的各种活动，包括观念宣传、文化学习等方面。观念宣传特指企业针对自己的价值观念、企业精神、经营原则、目标宗旨和历史传统等内容进行的宣传教育活动。文化学习是企业对职工进行的科学文化知识、法律法规常识、专业技术知识、政治经济形势的普及宣传活动。

因此，企业群众文化是一种潜在的生产力，是激励企业"求生存，图发展"的精神源泉。它可以把企业全体职工的聪明才智充分发挥出来，提高企业的科学技术水平；调动企业进行技术革新的积极性，促进企业挖潜、改造、采用新工艺、试制新产品，使企业朝着高新技术方向发展；促进企业与企业之间专业化协作关系的发展，使企业布局和产品结构更加合理；有利于企业引进和消化国外先进技术，提高企业的劳动生产率，提高产品质量、降低生产成本，提高企业的经营管理水平和全面质量管理水平。

五、企业群众文化的基本特征

企业群众文化的基本特征是从企业的群体力量中显现出来的，包括功效性、创新性和时代性。

（一）功效性

企业群众文化往往吸收与企业根本利益密切相关的文化精髓作为自身的主要内容，并且跻身于企业的分配原则中。通常，它要有目的地增进职工间的友谊，激发职工的生产积极性、主动性和创造才能，通过生产更多、更新的优质产品，向社会展示企业良好的经营素质、管理水平和精神风范，向广大消费者提供可以信赖的经济信息，从而提高企业的知名度，促进产品的销售，给企业带来较高的经济效益和社会效益。

（二）创新性

企业群众文化通过种种娱乐形式，把开拓进取、拼搏创新的价值观念渗透到职工的思想教育工作中。它以独特的价值观和开放意识，参与企业行政管理和全面质量管理的整个过程。它往往从企业生存和发展的战略高度出发，强调文化观念上的创新精神的重要性，并且及时发现、培养和宣传企业内部技术改造和创新活动中的模范人物。这样做有利于企业产品结构的适时调整，保持企业顺应市场环境变化的敏感性、灵活性，最终的目标是使企业在适应市场竞争和消费者的需要时，具有充足的活力和后劲，促进企业经济协调、稳步、持续地向前发展。

（三）时代性

企业群众文化属于意识形态的范畴，它的产生、发展及具体内容受到既定社会阶段的经济体制和政治制度的影响，因而具有时代性的特征。先进的企业群众文化，不但能创造一种充满热情、互相信任、和谐融洽、催人奋发的环境气氛，而且能通过平等互助、情感交融等思想教育工作，培养企业职工新的道德观念、价值取向、行为规范和企业在市场活动中的抗风险能力，使企业的生产机制和经营机制处于良性循环状态。

六、企业群众文化的特殊作用

企业群众文化对企业发展具有特殊的作用，其主要表现在以下四个方面：

第一，开展各种有益的企业群众文化活动，可以将企业职工的思想引导到正确的轨道上来，引导到正确的目标上来，并通过潜移默化的作用，陶冶职工的思想情操。这也是企业群众文化活动的根本目的，是其区别一般性的文化体育娱乐活动的标志。

第二，企业群众文化有自身的以价值观认同为中心的激励机制，其内容如下：目标激励——企业职工价值观趋同的示范，归根到底是对人的培养和训练；利益激励——企业职工价值观趋同的动力，即国家、集体、个人的利益相统一；组织激励——企业职工价值观趋同的基础；文化激励——企业职工价值观趋同的氛围。由于企业群众文化在活动方面具有较强的渗透力，当一项活动被广大职工认可并积极参与时，它就会成为一种激励机制，在职工心中转换成一种力量，并在职工的工作、学习过程中发挥作用。

第三，企业群众文化可以将企业中各部门的职工团结起来，使他们凝聚形成一种较大的向心力，与企业的命运黏合在一起。

第四，企业职工通过各种文化艺术活动和思想教育活动，陶冶情操，使自己的文化生活更加充实，使自己的文化艺术才华得以发挥和展露。这对企业群众文化的参与者来说，无疑是一种崇高的、无价的精神享受。

第三章 群众文化建设实践——以科技馆为例

第一节 我国科技馆的建设与发展

随着我国科技的发展，我国的科学技术馆（以下简称"科技馆"）数量在不断增多，国家也对科技馆事业更加关注。科技馆在建设发展中，受到诸多因素的影响，导致其建设发展还较为落后。面对这样的情况，在 21 世纪，就应对科技馆的建设现状进行细化分析，然后针对存在的问题加以解决，以此将科技馆的存在价值更好地发挥出来，为我国科技的快速发展奠定良好的基础。

一、我国科技馆的建设现状分析

（一）科技馆总体数量相对较少

科技馆是科技发展的记录载体，科技馆中收藏的科技作品、科学技术都是科技发展过程中的宝贵财富。随着近些年我国科技的快速发展，有很多科学技术被淘汰，这些被淘汰的科学技术同样值得珍藏。在珍藏科学技术的过程中，科技馆就是最主要的场所，但与科技产品、科学技术数量相比，我国的科技馆总体数量较少，无法满足公众的需求。在一些经济较为发达的城市，科技馆的数量较多，但在乡村、城镇，基本上看不到科技馆的身影，这样的科技馆建设现状充分说明我国科技馆建设数量较少，需要进一步增加建设。

（二）科普资源的选择水平较低

在科技馆建设中，科普资源的收藏是非常重要的一个环节，科普资源主要是指科技产品，只有收集到具体的产品，才能进行产品的展览，产品中所使用的技术才能得到直观的体现。对我国的科技馆科普资源进行分析可以看出，有部分科技产品缺乏特色，而且科技产品的技术水平较低，这样的科普资源在科普教育工作的开展中无法发挥较大的作用。

（三）展品的维护更新跟不上

在科技馆建设过程中，展品是不能缺少的组成部分，展品在长期的放置过程中，会出现一些磨损，为了延长展品的展览寿命，需要对展品进行维护和保养。但从大部分科技馆的展品维护、更新工作落实情况来看，这一工作的落实还存在较多问题。科技馆中的展品数量较多，在对每一件展品进行维护保养的过程中，需要耗费大量的时间及精力，这样就会导致相应工作人员的工作压力较大，在工作过程中容易出现失误情况。

二、我国科技馆建设的发展对策

（一）建设多元化科技馆，获取多渠道资金供应

新时期的科技馆应建设成多元化的科技馆。多元化的科技馆可以获取多渠道的资金供应，也可以为群众提供多元化的服务，这样能增加科技馆的吸引力，只有更多的人愿意到科技馆中来，科技馆存在的价值才能得到体现。

首先，在科技馆中，应放置科技展品。科技展品是多元化科技馆的根基，要在保证科技展品资源充足的情况下，再进行其他方面的建设。

其次，增加餐饮服务。很多科技馆的占地面积都较大，科技展品的数量繁多，所以详细了解每一件科技展品要耗费大量的时间，在科技馆中可提供餐饮服务，这样既可以给人们提供休息的场所，又可以增加资金收入，用来更好地建设科技馆。

（二）转变科技馆建设理念

以往的科技馆建设理念是传播知识，开展科普教育工作，但在新时代，科技馆建设

理念应逐渐转变，应将"激发学科兴趣，启迪科学意识"作为科技馆建设理念。科技是在不断的探索中形成的，而探索来源于兴趣，来源于科技意识，因此想要更好地发挥科技馆的作用，在科技馆建设中就应转变建设理念，将模拟再现科技实践过程、为参与者创建实践情境作为科技馆建设的主要目标。如此，建设成功的科技馆才能符合时代发展的需要，科技馆的存在价值才能得到彰显。

（三）将科技馆建设与学校教育相结合

科技馆是开展科普教育的主要场所，是推广科技的重要主体，因此在进行科技馆建设的过程中，可以将科技馆与学校教育结合起来，这样有助于更好地开展科普教育工作。科技馆建设与学校教育相结合，可实现资源互补、互帮互助，科技馆为学校提供科普场所，而学校则为科技馆提供科普教师资源，双方在场所、人力资源等方面能够互相补充，有助于更好地落实科普教育工作。

三、我国现代科技馆建设的发展趋势

科学技术是第一生产力，在当今世界经济、科技和文化发展全球化、信息化的大背景下，我国的科技馆事业面临着巨大的机遇和挑战。我们要把现代科技馆建设成为科技创新发展的重要基地，将其打造成为开发交流的重要平台、提升成为综合国力和核心竞争力的重要标志之一。

面对国际科技馆建设的发展趋势，我们要实施精品战略，推进精品工程，主要应该从以下几个方面入手，加强科技馆的展示、管理、教学、交流、服务"五位一体"的现代化建设：

（一）规划布局合理化，主题规模层次化

为了防止科技馆建设过多过滥，整合和优化资源配置，应注意以下方面：

第一，应避免重复建设，通过合理规划、科学布局，保证办馆质量，提高学术水平。

第二，应打破固有的行政区划概念，综合考虑经济、交通、教育等因素，按照社会经济发展水平，进行合理规划、选址和建设。

第三，在科技馆建设中，不能贪大求全，对于主题的选择和规模的控制，必须坚持

"全方位统筹、多层次结构、立体化建设"的总原则。例如，一般来讲，每个省可以建设一个综合性的大型科技馆，而各市（地）、县（区）可以根据自身的地域特色，建设各种专题性的中小型科技馆，各高等院校和科研院所也可以利用自身的学科优势，建设各种相关领域的专题科技馆，甚至各企事业单位、中小学校和社区都可以因地制宜开设各种有针对性的微型科技馆，从而构成一个完整的网络结构体系，使人们觉得科技馆就在身边，并与自己的生活息息相关。

（二）内容设置主题化，专题选材精细化

随着现代科技的发展，科学技术的门类划分更加专业和精细，所以现代科技馆的内容和选材要更加突出、强调主题，主题特色越鲜明，就越能引起观众的兴趣和专业人士的青睐。同时，随着专业的划分越来越细致，其专业面和相关知识的专门性也就变得越来越狭窄，所以我们在专题设置上即使对同一题材，也要细分为不同的研究角度、不同的理解层面，以便更好地为观众和科技工作者服务；在做好专题化、细分化的基础上，还要处理好现代科技的跨界性和综合性，所以在现代科技馆中，还应该延伸、设有与主题和专业相关的内容。

（三）思想视野国际化，知识教育权威化

现代科技馆应当注重国际化建设，以便在更高层次上参与国际科技交流，对外展示科技实力，宣传科技成就，吸收世界科技发展的最新成果。国际化就是要求我们用超前的思想观念和全球的眼光，了解和把握世界科技的发展变化，以国际化的标准来推动科技馆的软件和硬件建设，加强在世界范围内与各国科技馆的交流与合作，使其尽快融入国际社会，赶超世界水平。

（四）管理手段现代化，信息传播网络化

现代化管理是一个整体的概念，是打造和提升现代科技馆核心竞争力的关键，主要包括管理思想和观念、管理组织和结构、管理手段和方法的现代化。"管理成败在于决策"，没有管理思想和观念上的转变，就无法实现管理组织和管理方法的现代化，更谈不上管理手段的现代化；管理组织和结构的现代化集中体现在管理体制、机构设置和人力资源等方面的现代化；管理手段和方法的现代化主要表现为现代数字技术在管理领域的应用。管理手段在现代化管理系统中有着特别重要的意义，管理手段的现代化包括信

息处理手段的现代化，如用计算机收集提供各种信息、处理各类管理数据、进行预测统计、开展远程服务、进行交流互动等，管理手段的现代化可以直接促进现代化管理进程。

（五）形式方法创新化，环境建设开放化

创新是一个国家和民族进步的灵魂，科技工作的核心是创新，所以展教形式的创新是现代科技馆建设的重点。实施精品战略，推进形式创新，加强核心建设，创造一个科学家、观众和全体社会成员喜闻乐见、共创共建、良性互动的科技馆，是实现创新的重要目标。要达到以上目标，无论是科技馆的硬件，还是软件，都应该是开放的，原始的说教和呆板的陈列形式已经不能满足现代人们的需求，特别是除了可以共同参与和体验的场馆环境外，还要重视思想和学术观点的开放，无论是国内的，还是国外的，无论是定性的，还是有争议的，我们都应该兼收并蓄，最佳的效果是给大家留有思考、研究的空间和启发人们探索、实践的动力。

（六）功能设置多元化，需求服务个性化

多元化的功能是现代科技馆为社会服务的具体表现，像很多现代企业一样，为消费者服务是企业的终极目标，同样，科技馆也应该尽可能地满足社会各界的各种需求，应该为大家提供更多的服务设施和项目，如待查、复印、复制等，在此基础上更进一步的是利用科技馆的知识、技术和人才优势，为社会各界提供解疑释难和科技咨询等服务。同时，听取和收集人们对科技馆的各种信息和意见，作为改进各项服务工作的要求和目标，努力满足各种个性化的需求。

（七）展示效果艺术化，更新周期高频化

在现代科技馆中，除了建筑和环境艺术设计外，最重要的就是展示艺术设计。展示是一门综合性、创造性的多维空间视觉艺术，它能够起到画龙点睛的作用，是科技馆研究工作的一项重要课题，展示艺术体现了展品收藏、科学研究、管理工作、现代化手段和人员素质等多方面的水平，是衡量科技馆综合水平的重要标志。艺术设计者需要运用多媒体、计算机艺术设计、绘画雕塑、影像音响和实物与模型等技术，结合灯光照明技术等综合手段，调动色彩、图像、光线等因素，形象、具体地来表达科技馆的内容和思想，设计出有体积、有内容、有色彩、有分量的具体感官物，给予观众立体化的视觉感受和全方位的艺术享受，形成方式多样、形态各异、和谐统一的整体艺术效果。

近年来，我国科技馆建设水平不断提高，不断发展，我们要牢牢把握发展机遇，善于求知学习，勇于探索创新，把我国的现代科技馆建设成为推进科技创新、提升全民素质、促进科学发展的有效载体。

第二节 科技馆与群众文化的关系

当前，在我国社会发展中积极关注文化建设极为必要，群众文化发展作为比较核心的任务，应该引起高度关注，以便借助于多个渠道，促使群众文化得以有序发展。在群众文化发展中，科技馆的作用价值是不容忽视的，科技馆依托自身丰富的资源，可以积极推动群众文化发展，是推动群众文化发展不容忽视的核心力量来源。虽然现阶段科技馆在群众文化发展中的推动作用越来越受到重视，但是在实际工作过程中，依然存在一些较为明显的缺陷和不足，还未能充分发挥出科技馆对群众文化发展的推动作用，有待于不断改进，加强相关研究极为必要。

一、科技馆对群众文化发展的影响

在社会主义文化建设中切实发展群众文化成为核心任务，群众文化发展的难度相对较大，虽然当前我国群众的文化水平正在不断提升，但是依然存在较多的问题和薄弱环节，借助多个途径发展群众文化成为重要的探索对象。科技馆作为科学知识普及推广的重要主体，在群众文化发展中发挥积极的推动作用，成为不容忽视的力量，应该肩负起相应的职责和使命。科技馆对群众文化发展的推动作用主要表现如下：

首先，科技馆工作与群众文化发展存在较大交集，成为科技馆推动群众文化发展的基础条件。在群众文化建设中，普及科学知识及弘扬科学精神是关键内容，应该作为群众文化发展的重中之重。对科技馆的日常工作任务进行分析，普及科学知识及弘扬科学精神同样是比较关键的核心任务。由此可见，两者存在着较为明显的一致性，科技馆在履行自身普及科学知识及弘扬科学精神职责时，可以有效推动群众文化的发展，其作用价值是不容忽视的。

其次，科技馆在群众文化发展中的推动作用表现在自身的专业性上，这也是科技馆比较特殊的作用表现，有助于促使群众文化发展取得更为理想的成效。在群众文化发展中，科技馆的科学性应该引起高度重视，要求将其作为重要原则和前提，避免在发展群众文化时走弯路、走错路，进而要求群众文化发展主体可以表现出较强的专业性。科技馆作为与先进科学技术打交道的重要主体，在该方面必然具备明显优势，其专业性相对较为突出，能够确保群众文化建设在正确性的基础上凸显先进性，促使群众文化发展与时俱进。

最后，科技馆在群众文化发展中的推动作用还表现出了引领特点，有助于促使群众文化发展的方向得到有效控制，最终确保群众文化发展具有更强的实效性，解决原有群众文化发展中存在的无序性问题。在推动群众文化发展时，科技馆往往可以结合时代发展诉求及群众文化发展的方向性要求制定相匹配的主题，进而依托相应主题来实现自身工作的优化落实，促使群众文化得以有针对性地发展。例如，在社会可持续性发展的背景下，节能要求越来越高，科技馆可以基于此设置相应的主题，促使群众对节能给予更高的关注度，还能让群众掌握基本的节能策略和方法，以此体现出群众文化发展的实际效益。

二、科技馆推动群众文化发展的现状分析

在当前的群众文化发展中，科技馆的推动作用越来越受到认可，与科技馆相关的人员逐渐意识到了群众文化发展的必要性，进而在该方面进行了充分探索和研究，这是不容忽视的力量，积极推动了群众文化的发展。现阶段，社会主义文化建设的受重视程度正在不断提升，普通群众同样也表现出了较高的学习积极性和主动性，对于科学知识的渴求越来越突出，也就必然对各个群众文化发展主体提出更高的要求。对于科技馆相关工作的开展而言，工作人员同样也充分认识到自身与群众文化发展的密切联系，积极探索如何借助自身工作来推动群众文化发展，并且也取得了较好的成效。例如，当前科技馆以科普工作为其核心工作，依托科普活动积极推动群众文化发展，促使群众能够在参与科技馆科普活动的基础上学习和掌握科学知识，进而创造较为理想的群众文化发展条件。科技馆自身在科学技术及科学知识方面具有较强的专业性，相关能力较为突出，可

以为科普工作的开展提供有力支持，在确保科普工作方向正确及内容准确的同时，为群众文化发展作出较大贡献。

虽然现阶段科技馆依托科普工作能够在群众文化发展中表现出推动作用，但是依然没有充分发挥出科技馆的最大价值，对于群众文化发展的推动力并不是很理想，面临着较多的制约因素。

对当前科技馆科普工作开展情况进行分析，其在推动群众文化发展时面临的限制条件主要有以下几点：

第一，科技馆在科普方面的投入力度依然不是很大，相关基础设施建设、人力资源、物资的投入并不是很理想，进而影响科技馆相关工作的有效落实，这成为基本的限制条件，对于群众文化发展的推动形成较大的阻碍。

第二，现阶段，科技馆在群众文化发展中的推动作用表现出一定程度的混乱无序状态，尤其是在相关科普活动开展中，相关主题的确定并不是很科学、合理，表现出了明显的随意性，进而也就难以有序推动群众文化发展，甚至在群众文化发展中形成反作用，不利于群众接受适宜、合理的科学知识和技能。

第三，科技馆在群众文化发展中的推动作用受到具体工作内容和方式的影响，科技馆虽然在科学技术及科学知识方面表现出了较高的专业度，但是在传达给群众时，往往不能借助适宜、合理的方式，存在着一定程度的"曲高和寡"现象，由于没能深入基层了解群众可以接受的宣传推广方式，导致科技馆在推动群众文化发展时遇到困难，成效不理想。

第四，科技馆在推动群众文化发展时，往往受到工作路径的影响。当前，很多科技馆过度依赖科普活动来推动群众文化发展，科普活动确实也发挥了一定的作用，但却表现出了明显的局限性，受到时间、空间的限制较为突出，难以将科技馆的最大作用价值发挥出来。

第五，科技馆在推动群众文化发展时受到工作人员的影响，因为一些科技馆的工作人员在该方面的胜任力并不是很理想，或者是没有能够充分认识到群众文化发展的重要性。科技馆在该方面的投入不足，必然会影响科技馆相关工作的开展，致使其难以为推动群众文化发展作出较大贡献。

三、充分发挥科技馆对群众文化发展推动作用的策略

（一）加大投入力度

科技馆在群众文化发展中确实有较强的推动作用，为了促使该推动作用得以优化，科技馆应该高度关注该项任务要求，在明确科普工作重要性的基础上，不断加大相关投入力度，以促使科普工作在群众文化发展中发挥最大作用。为了确保科技馆科普工作得以优化、落实，科技馆应该充分分析自身开展科普工作所需要的各方面资源和条件，进而结合自身的实际情况，探讨如何予以满足，确保相应科普活动的有序开展，解决资源层面存在的限制问题。例如，从科技馆科普工作开展所需要的资金方面进行分析，围绕各项科普活动的开展，为其提供所需要的资金。当然，由于科技馆在群众文化发展中肩负的职责，单纯依靠科技馆自身投入的资金，往往会给科技馆的发展带来较大压力。科技馆应该积极参与群众文化发展活动，努力争取其他方面的投入，以更好地营造开展科普活动的条件，为推动群众文化发展提供强有力的支持。

（二）明确科普主题

科技馆在推动群众文化发展时，为了确保其发挥出理想的作用价值，工作人员还需要重点围绕科普工作进行优化，以促使各项科普活动的开展较为适宜、合理，能够表现出较为理想的群众宣传和指导作用，进而为群众文化发展作出贡献。基于该方面的诉求，科技馆首先应该高度关注群众文化的发展方向和基本要求，进而明确自身的工作任务，确保相应科普活动主题的设置较为适宜、合理，以使其发挥较强的推动作用。例如，科技馆在推动群众文化发展时，科普工作人员应该重点关注时代发展特点，尤其是新时代提出的一些新要求和新理念，做到让科技馆工作被群众广泛接纳和认可，围绕新理念和新科技举办相关的科普主题活动，以此发挥科技馆相关工作较强的作用价值。

当然，为了更好地推动群众文化发展，科技馆往往需要重点关注科普对象，以便针对不同科普对象选择最为适宜、合理的主题活动，确保相应科普主题活动可以较好地作用于该部分群众，为群众文化发展作出最大贡献。例如，对于相对落后的一些村庄居民，科技馆在开展科普主题活动时，就应该注重设置一些基本的科学知识和技术主题，以便解决该部分群众存在的思想落后或封建迷信问题，较好地推动群众文化发展，将科普主题活动的作用价值发挥到最大。

（三）优化科普方式

科技馆在群众文化发展中的推动作用应该重点关注群众本身，本着以人为本的原则，让科技馆的相关工作努力做到向满足群众需要转变，解决无用功问题。基于该方面的诉求，科技馆相关工作人员应该重点关注原有的"曲高和寡"现象的处理。虽然科技馆在科学技术方面具有较高的专业性，也能够熟练、准确宣传各类先进科学技术及科学知识，但是在其具体的宣讲工作中还存在着过度专业的问题，致使群众难以理解。基于此，科技馆工作人员应该在充分调查、了解科普对象的基础上，选择科普对象能够接受的语言及呈现方式，确保科普工作能够发挥较为理想的作用。这就需要科技馆在确定好科普主题和内容后，针对不同的科普对象进行适应性调整，采取不同的手段进行科普宣传，力求更好地服务于所有群众，为群众文化发展作出更大贡献。例如，在面对一些文化程度较低的基层群众时，科技馆工作人员应该尽量少用专业术语，多用一些白话，以便取得较好的宣传教育效果。

（四）丰富宣传路径

科技馆在群众文化发展中推动作用的发挥，应该注重多种路径的选用，尤其是在科普宣传工作中，工作人员更是需要力求通过不同的路径或方式，确保科普宣传的效果。科技馆在开展科普宣传工作时，为了取得较为理想的多元化宣传推广效果，工作人员可以先从科普对象入手，针对不同对象，采取适宜、合理的方式或路径，由此更好地优化群众文化发展效果。例如，对于学生，可以采取科普进课堂的方式；对于城市居民，可以采取科普进社区的方式；对于落后的村庄，可以结合"三下乡"活动，促使科普活动得到落实、优化。另外，科技馆在宣传路径方面的创新优化，还应该密切结合新媒体的快速发展现状，尤其是现阶段比较受欢迎且用户量较大的一些新媒体平台，如微博、短视频平台及直播平台等，均可以在科技馆推动群众文化发展中发挥积极的作用，可以将其作为科技馆科普宣传工作的重要阵地，以便达到更好的科普宣传效果。

（五）打造专业团队

为了提高科技馆在群众文化发展中的推动作用，要努力打造素质高、业务精的专业团队，以此提高科普工作效率。科技馆围绕群众文化发展需求，在科普工作中投入充足人力资源的基础上，需要重点对相应的科普团队进行培训，以此提高业务人员的岗位胜任力，尤其是要加强对于从其他工作岗位转岗来的工作人员的业务培训，以提高其岗位履职能力。在科技馆科普工作的开展中，科普团队应该采取以老带新、与时俱进的学习手段，不断增强整体实力，更好地为群众文化发展作出贡献。

综上所述，科技馆在群众文化发展中表现出较强的推动作用，其作用价值是不容忽视的，但在现阶段，科技馆在该方面的工作落实依然存在一些不足，有待于未来不断加大投入力度，注重创优工作，以优化科技馆的相关功能，促进群众文化的发展。

第三节 科技馆在群众文化建设中的功能发挥

科技馆是以展览教育为主要功能的公益性科普教育机构。它是通过常设或短期展览等形式，以参与、体验互动性的展品及辅助性展示为手段，为公众提供各种科普知识，为激发公众科学兴趣、启迪科学思想，以及科学文化交流等提供平台。

随着科学技术的进步、人们生活水平的提高，科技馆事业得到了蓬勃发展。科技部发布的数据显示，2021 年，全国共有科技馆和科学技术类博物馆 1 677 个，比 2020 年增加 152 个，展厅面积增加 13.03%。科技馆已经成为提高公众科技意识和科学素养的重要途径，科普活动受众广泛。2021 年，全国各类机构组织线上、线下科普（技）讲座103.82 万次，吸引 33.80 亿人次参加，比 2020 年增长 108.24%；举办线上、线下科普（技）专题展览 10.07 万次，共有 2.05 亿人次参观；举办线上、线下科普（技）竞赛 3.68 万次，参加人数达 7.26 亿人次，比 2020 年增加 294.22%。科技馆是科技文化教育事业的重要组成部分，在文化建设中发挥着重要作用。

位于广东省的惠州科技馆是一个大型的综合性科技馆，展区面积 1.3 万平方米，集多学科、多形式的科普教育、培训、实践，学术交流，科技文化活动于一体，举办了惠州公众英语沙龙活动、惠州外来务工子女到惠州科技馆参观、"好小子杯"科普讲解员大赛、扣好人生第一粒扣子、惠州千名青少年绘画大赛颁奖典礼暨庆"六·一"我为城市填色彩大型全民艺术活动等系列活动，为培养大批科技新型后备人才、提升惠州市民的科学文化素质发挥了积极作用。

一、科技馆的特点

（一）科普辅导员辅助参观

因为参观科技馆的过程其实就是观众在展厅自主学习的过程，通过参与、互动、体验的方式，去理解、感悟展品中所包含的知识原理。即使安排讲解，也只是讲解员带领观众在展厅走马观花，大致地介绍科技馆的重点展品展项及展览的特色和亮点，在讲解的过程中，讲解员不可能把科技馆展品所反映的相关知识向观众一一叙述。

我们也称科技馆展厅的工作人员为"科普辅导员"。科普辅导员的主要任务是维护展厅秩序，为观众答疑解惑，与观众探讨相关问题。如果观众在参观过程中对某个知识或某个展品演示的结果有疑问，就可以向身边的科普辅导员提问，或者与科普辅导员一起交流、讨论。

（二）未成年参观者更多

观众在参观科技馆展品时需要仔细阅读图文宣传板上的内容，而要做到这一点，对于文化程度不高的未成年人来说是困难的。绝大多数未成年人进入科技馆参观是有家长陪同的，家长就成了孩子的辅导老师，应给孩子讲解相关知识，手把手教孩子正确操作展品，与孩子一起体验展品（有些展品是需要两人或多人同时参与的），与孩子探讨相关问题，启发孩子的思维，激发孩子对科学的兴趣等。

（三）展品易损率高

科技馆展品的选择主要是根据该馆展示内容框架内需要介绍的相关知识点而确定的，由于全国科技馆展示的内容不相同，场地大小、空间高度也不同，这决定了各个科技馆的绝大部分展品的唯一性（特别是外观形状和尺寸），每件展品都需要单独设计、单独制作，这就得保证展品的质量，特别是对展品的耐久性有一定的要求。另外，科技馆的参与、互动、体验的参观形式，也对展品的耐久性提出了很高的要求。

要保证科技馆展品的完好率，应做好三个方面的工作：

第一，注重展品的质量。内蒙古科技馆新馆在展品选择和设计阶段，多次邀请业界专家对每件展品进行反复论证，确保展品的科学性、合理性和安全性。在展品制作的过程中，专家及科技馆项目组人员多次到展品制作厂家进行展品监造，特别是对展品的制作工艺、用材等进行监督。

第二，及时维护、维修。科技馆工作人员在平时应做好展品的保养工作，在展品损坏后及时进行维修。

第三，观众文明参观。观众在参观时，特别是在操作展品前，要按照操作说明合理操作展品，杜绝不文明操作行为。

二、科技馆在群众文化建设中的价值

（一）丰富科技知识

根据科技馆的特点可知，科技馆所展示的内容多为人文科学和自然科学知识，众多知识依托展品呈现给观众。

以内蒙古科技馆为例，内蒙古科技馆是内蒙古自治区科学技术协会所属公益类事业单位，内蒙古科技馆将科技创新、科学普及作为实现创新发展的两翼，以弘扬科学精神、传播科学思想、倡导科学方法和普及科学知识为己任，以"世界眼光、时代特征、内蒙古特色、创新发展"为建设目标，建成一座"国内领先、西部一流"的具有民族特色的现代化科技场馆。内蒙古科技馆常设展览由五个展厅和公共空间室内标志性展项组成，以"探索·创新·未来"为理念，在五个展厅中设置了探索与发现、创造与体验、地球与家园、魅力海洋、生命与健康、科技与未来、宇宙与航天、智能空间、儿童科技园主题，众多的展品和丰富的内容给观众提供了更多的接触科技知识的机会，提高了参观者的科学素养。

（二）拓宽科学学习途径

内蒙古科技馆共设展项展品 457 件，展品以互动、体验为主要的展示方式，体现了科学性、知识性和趣味性。此外，内蒙古科技馆还设有数字立体巨幕影院、数字球幕影院、4D 动感影院、科学实验室、专题展览厅、科普报告厅等。科技馆提供了众多科学参与途径，让参观者在互动的过程中学习知识，从多方面对知识进行理解、记忆。

综上所述，科技馆在群众文化建设中起到了重要的作用，但是要想更好地发挥其作用，还要注意以下几点：

一是加强科技馆文化的核心价值观教育。将科技馆文化的核心价值、基本理念融入科技馆"硬件"和"软件"中，通过具体的实施过程，让全体员工认同并自觉拥护。

二是加强科技馆员工的行为文化引导。主要是通过强化员工的外在行为规范，使价值观外化为科技馆成员的工作作风和行为。

三是用具体行动和丰富活动来增强科技馆的凝聚力。在科技馆文化建设中，员工是主体，科技馆员工的普遍参与并在其中发挥主人翁精神是关键。这还有很长的路要走，这也是一个复杂而又持久的建设工程。

三、群众文化建设中科技馆功能作用发挥的意义

（一）是群众文化建设的重要阵地

群众文化是社会主义文化建设的重要组成部分，科技馆肩负着开展群众文化传播、提升全面科学文化素养的职责使命。新时期，科技馆已经从传统的"向公众传授科学知识"向"引导公众主动思考和探索科学的方向"转变，在这一过程中，科技馆与群众文化目标日趋一致，它将文化与科技有机融合，例如惠州科技馆已将科普展览、教育培训、学术交流、科技文化传播功能融为一体，成为向广大市民传播群众文化的重要阵地之一。

（二）是群众文化建设的时代需要

群众文化建设是物质文明的重要条件，也是提高市民思想觉悟、道德水平和综合素质的重要保障。党的十八大报告提出，要"扎实推进社会主义文化强国建设"，广东省惠州市政府发布《惠州市文化发展"十三五"规划》明确提出，力争在 2020 年末，基本建立起与全市经济社会发展水平、人民需求相匹配的现代公共文化服务体系建设。科普工作在普及科学知识、弘扬科学精神，以及提高广大市民科学素养等方面发挥着重要作用。因此，科学技术普及部门要积极响应中央和地方的文化建设号召，积极参与到文化建设的大潮中，满足时代发展的现实需要。

四、群众文化建设中科技馆功能作用发挥的路径

（一）突出科普阵地功能，提高市民文化素养

科技馆要把提高市民文化素养作为其在群众文化建设中的重要职责。

一方面，大力提升市民的政治文化素养。结合国情、省情、市情，凭借场馆优势，积极宣传党的路线、方针、政策，例如，惠州市科技馆利用重大节日开展党的历史教育活动，教育、引导市民追梦、寻梦、圆梦，爱党、爱国、爱家，把社会主义核心价值观融入科普活动中，引导市民继承优良文化传统。

另一方面，大力提升市民道德素养。例如，惠州市科技馆把社会主义核心价值观教育融入参观讲解中，开展"科技馆一日游"活动并融入"关爱行动"，接待惠州心星园儿童康复中心儿童团的参观活动，使这些儿童增强感恩意识。

此外，科技馆也要积极发挥提升市民科学文化素质的主阵地作用。例如，开展各种科学培训活动，举办各种科普宣传讲座，增强市民动手实践能力，让广大市民崇尚科学、热爱科学，学会应用科学知识和方法解决现实问题。

（二）突出公共服务功能，满足群众文化需求

一方面，科技馆要丰富群众文化建设的服务内容和形式，组织广大市民开展全方位、差异化、多层次的综合文化知识普及活动。在服务内容上，要根据市民的不同文化层次、年龄特点，以及教育背景等提供不同的文化"大餐"。例如，惠州市科技馆为满足安全建设需要，开展了"消防送万家，平安你我他——惠州科技馆消防知识器材展"活动；为激发市民的科技兴趣，利用新春假期，举办了"科技闹春·争当创客"等活动，将机器人模型制作、3D打印演示等一一呈现，使市民感受到科技的乐趣。

另一方面，科技馆要不断提升自身的服务质量，保证科技馆群众文化建设的规范化、程序化，为市民提供优质、高效的服务。为此，惠州市科技馆专门举办了志愿者礼仪培训活动及"好小子杯"科普讲解员大赛，旨在进一步提升科普人员的专业素质，为群众文化建设做好服务。

（三）突出数字信息特点，促进群众文化发展

科技馆应适应信息时代发展的现实需要，提升科技馆的数字化、信息化建设水平，推动开展数字科普网络的传播工作，促进群众文化的繁荣发展。

一方面，要做好数字科技馆建设、维护和推广工作，满足人民群众的文化需求。例如，惠州市科技馆开通官网，及时发布重要科普活动信息，并对场馆的开放时间、乘车路线、场馆分布、展览内容等进行详细介绍，满足市民及时安排出行和参观活动的需要；及时发布"天文观测活动预告"，为市民参观提供便利。

另一方面，科技馆要整合各种资源和载体，积极创建有利于群众文化发展的新载体，将科学知识与传统美德、音乐美术等相融合，利用多媒体技术将各种科学原理等呈现给公众，利用数字化、信息化技术推动科学知识的传播，推动群众文化的发展。

科技馆在群众文化建设中发挥着重要作用，它既是群众文化建设的重要阵地，又是推动群众文化繁荣发展的重要力量。新时期，要进一步发挥好科技馆在群众文化建设中的功能作用，必须加强阵地的硬件建设，提升科技馆的基础设施条件，完善科普展示功能。科技馆要突出公共服务功能，满足不同群体的文化建设需要。此外，科技馆还要加强自身的软件建设，不断提升数字化、信息化水平，为群众文化建设发挥积极的作用。

第四节 科技馆科普辅导员

在群众文化建设中的作用及其队伍建设策略探讨

在我国进入信息时代以后，随着国民文化素质的不断提升，越来越多的群众选择去科技馆参观、学习，越来越多的科技馆成为中小学生的第二课堂，这就要求科技馆的科普辅导员加强与群众的沟通和交流，向群众传播科技信息，进而有效提升教育、辅导的效果，也就是实际服务水平。科技馆科普辅导员的科普宣传工作能够有效推动基层群众文化建设的进程，因此需要对科普辅导员的作用及其队伍建设策略进行探讨。

一、科技馆科普辅导员概述

科技馆科普辅导员是辅导、教授他人科学知识的职业人员，在其他国家，如英国、澳大利亚及美国等，一般将科普辅导员称为 science communicator，中文翻译为"科学传播者"，也就是指在科技与社会群体之间搭建沟通桥梁的职业人员。目前，我国各级各类科技馆在展示逻辑、展厅设置及展品设计方面都有自身的风格与特色，并且从发展的角度形成了相应的展览教育模式，这在一定程度上对科普辅导员提出了更多的、具体的要求。

二、科技馆科普辅导员在群众文化建设中的作用

科技馆的科普教育是继学校教育之后的继续教育和补充。它以最易于接受和理解的形象化手法，启迪人们的思维，激发人们的探索精神。它以教育面向现代化、面向世界、面向未来为主要方向，以形象、生动的手法，把宇宙天体、人类、环境、能源、信息等大量的科学原理和应用知识介绍给观众，从而使科技馆的观众成为知识的主动探索者而不是被动的接受者。

群众文化建设是衡量一个地区文化发展程度的重要标志之一，有助于促进社区团结，并对和谐社会的实现有推动作用。因此，做好群众文化建设工作，对我国社会稳定发展具有重要的意义。早在 2006 年，我国制定并实施的《全民科学素质行动计划纲要（2006—2010—2020 年）》即指出，"提高公民科学素质，对于增强公民获取和运用科技知识的能力、改善生活质量、实现全面发展，对于提高国家的自主创新能力、建设创新型国家、实现经济社会全面协调可持续发展、构建社会主义和谐社会，都具有十分重要的意义。"

杭州作为国内外知名的学习型城市，其现代公共文化服务体系建设发达，并从 2015 年 5 月 1 日开始施行《杭州市科学技术普及条例》，各级科技馆依据该条例向公众免费开放，这对于我国基层群众文化建设而言，起到了重要的推动作用。为此，科普辅导员要在实际工作中拉近与群众间的距离，对受众人群进行明确划分，不断调整并制定因材施教的辅导方案，以提高科技知识的普及率。

针对广大受众在年龄、文化基础水平及参观目的等方面的不同，科普辅导员要积极

引导他们学习科技知识。科普辅导员可以借鉴学校的教学经验，采用因材施教的方法，对广大群众展开引导教育。

首先，制订教育计划，对各个年龄段的群众展开辅导，这在一定程度上有助于更好地创新群众文化。群众文化就是吸收多种元素的整体文化，分类普及科技知识、做好大众辅导能够使各类人群的文化水平得到有效提升。

其次，通过多种辅导形式，高效传播科技知识，激发广大群众对科技知识的学习兴趣。因此，科普辅导员可以运用表演形式，深入讲解科学实验或科学原理，并在表演过程中向观众提问，加深群众对科技知识的印象，使群众文化建设变得更加多样化，开展具有特色的文化建设。

最后，科普辅导员可以运用教学手段，指导群众动手开展科学试验活动。需要注意的是，科普辅导员一定要先观察群众的学习特点，再开展相应的互动交流，制定评价制度，对表现较为优秀的群众给予物质奖励。科普辅导员运用这种教育方式，应及时总结辅导经验，促进自己的专业辅导水平得到有效提升。同时，这种教育方式还能促使群众文化建设得到更好发展，丰富文化建设的形式。

三、科技馆科普辅导员队伍建设的有效策略

科技馆要想推动群众文化建设的进程，就必须加强自身队伍建设。

首先，科技馆科普辅导员可以与高校教师共同制订合作计划，每周或每月邀请学生到科技馆参观、学习，以激发学生对科普工作的兴趣，进而培养更多的优秀的科普人才。

其次，科技馆要加大对科普辅导员的培训力度，通过等级评定策略，提高科普辅导员的工作热情。科技馆科普辅导员等级评定与他们的专业知识水平有着直接的关系，等级评定级别越高，表明其履职能力越强。科技馆应推行岗位聘任制，实施相应的薪酬政策，以吸引更多的优秀人才进入科技馆工作，这是最快提高科技馆科普队伍实力的重要方法。

在群众文化建设过程中会遇到很多困难，只有科技馆科普辅导员不断提升自己的辅导能力，才能激发群众的潜在能力，进而使群众在科技馆中学到更多的科技知识，促使群众文化建设得以顺利开展。

通过上述内容我们可以看出，由于近年来我国群众文化的蓬勃发展、各级科技馆的

全面免费开放，科技馆逐渐成为普通民众接触前沿科技、进行知识再学习的主要场所。为此，科技馆科普辅导员要加强与群众的沟通、交流，只有这样，才能更好地传播、普及科学知识。科技馆科普辅导员在群众文化建设中能够起到积极作用，通过多种形式引导群众学习科学知识，不仅能够加快群众文化建设的速度，而且能为群众文化建设提出更多的有效策略，促使群众文化建设的全新发展。

第四章 群众文化活动的创新发展探索

第一节 基于新媒体科普的群众文化工作

一、群众文化是推动社会主义文化繁荣发展的基础力量

当今世界科技飞速发展，以手机为代表的新媒体技术日益成为人们生活和学习的重要载体，这在很大程度上改变了人们传统的生产和生活方式，也对群众文化工作提出了更高的要求。

面对新形势、新任务、新要求，如何更好地发挥新媒体的作用，推动群众文化网络信息平台建设，提高群众文化建设的针对性和实效性，提升群众文化的吸引力和感染力，推动社会主义文化的发展，是摆在群众文化工作者和相关部门面前的一道难题。

（一）充分认识群众文化建设的重要性

文化是民族凝聚力、向心力和创造力的重要源泉。建设社会主义文化强国，必须坚持社会主义先进文化的前进方向，坚持中国特色社会主义文化发展道路，坚持以人民为中心的工作导向。群众文化是推动社会主义文化繁荣发展的基础，群众文化阵地是开展群众文化活动、传播先进文化的载体。深入推进文化惠民、文化利民工程，是群众文化工作的出发点和落脚点，是构建社会主义和谐文化的重要基础。因此，加强群众文化建设，既是丰富广大人民群众的文化生活、构建社会主义和谐社会、促进经济社会发展的重要举措，又是推动社会主义文化繁荣发展、实现中华民族伟大复兴的重要保障。

（二）深刻分析群众文化建设的基本现状

历年来，党和国家高度重视群众文化建设，在各级党委、政府的关心和支持下，广大群众文化工作者自觉响应时代号召，以昂扬的精神状态、积极的工作热情，通过不同的形式，广泛、深入地歌颂国家、民族和人民的伟大实践，使得群众文化工作呈现百花齐放、异彩纷呈的良好局面，使得群众文化创作更加积极、群众文化队伍更加意气风发，文化惠民活动蓬勃开展、文化服务体系建设扎实推进、群众文化工作取得了不错的成绩。

（三）清醒把握群众文化面临的新形势

当今社会，随着经济社会的不断发展，人民群众对精神文化生活的要求越来越高。广大群众迫切希望业余文化生活能够更加丰富，公共文化设施能够更加完善，公共文化服务体系能够更加健全，公共文化生活环境能够更加洁净……人们迫切希望自己的生活不再单调，不再是在游戏桌上消磨时光，不再是在社区里"扯闲话"，而是在社区综合文化站里读书、上网，或者是在广场上参与群众文化活动。在新形势下，如何进一步激发群众的活力，真正让公共文化生活"活"起来，营造积极向上的精神文化氛围，成了广大群众文化工作者需要深入研究和探索的重要课题。

二、新媒体科普对群众文化活动的影响

我们从实效性的角度审视新媒体技术对群众参与社会活动方式的改变会发现，新媒体技术使得群众的精神文化诉求得到满足，但也使传统文化失去了对群众的吸引力。鉴于此，我们应辩证地分析新媒体技术对群众文化活动的影响。

（一）新媒体给群众文化活动带来的挑战

新媒体对于传统的群众文化活动的开展带来很大的冲击。新媒体技术依托信息技术创设而来，通过视频、音频、图片等形式，实现使用者之间高效的信息传递与互动。新媒体具有交互性与及时性等特点，且不受时间与空间的限制，这对于传统的群众文化活动来说是一个巨大的挑战。新媒体传播方式和表现形式多样，使得广大群众可以随时随地获得自己想要的信息，也使他们对群众文化活动的关注度与参与度呈下降趋势。新媒体在媒体使用与内容选择上更具个性化，可以覆盖更多的受众，而传统的群众文化活动由于条件的限制，在信息容量与种类上都有很大的局限性。新媒体的互动性和参与性能够充分调动受众群体的积极性，让群众在互动中获得更加强烈的自我满足感。新媒体在信息的种类及容量上具有较大的优势，可以充分满足受众群体对于多种多样文化知识与信息的需求，这也是群众愿意通过电脑或者手机浏览信息而没有兴趣参加群众文化活动的原因。以上这些都增加了开展群众文化活动的难度。

（二）新媒体科普给群众文化活动带来的机遇

事物往往都具有双面性，在给群众文化活动带来挑战的同时，新媒体技术的普及、应用也给群众文化活动带来了全新的发展契机。从某种程度上说，新媒体丰富了群众文化活动的内容与形式，使群众文化活动得以拓展和延伸，更新了传统的群众文化的传播模式与传播内容。新媒体技术以其传播信息的快捷性及受众的广泛性，使群众文化的传播获得了全新的介质，给传统的群众文化发展带来了更多的可能性。

新媒体在传播群众文化的同时，本身也必将成为群众文化的一部分，从而使群众文化活动的开展突破空间与时间的限制，使群众文化的交流、学习更为便捷。新媒体提供了多元文化的对接交流平台，使各个地区风格迥异的群众文化活动交流不再受时间、空间的限制，为群众文化活动的开展提供了一个便捷的互动交流平台。

另外，新媒体具有的个性化特征，可以使人们通过互动，更好地了解彼此的文化喜好与心理倾向，也可以针对群众的个体需求，为其提供更加个性化的服务，增加群众文化活动的吸引力。

当今社会，以网络新媒体为代表的网络信息技术发展迅速，已经深入社会各个领域，成为各种思想文化交流、交融、交锋的新阵地。党的十八大报告明确指出，要"加强和改进网络内容建设，唱响网上主旋律"，对新媒体环境下的基层群众文化建设提出了新要求。为此，我们应科学把握新媒体发展的新形势、新特点，充分认识新媒体环境下群众文化工作的着力点。这对于提升群众文化工作的针对性和实效性，增强群众文化活动的吸引力和感染力，具有重要意义。

三、新媒体环境下群众文化工作的突破与改变

现阶段，在新形势、新环境下，群众文化工作者没有从思想意识上进行突破与改变，

还在一味地因循守旧,抱着传统观念不放。他们在新生事物与旧有观念的矛盾冲突中"节节败退",使得群众文化陷入了被动的境地。群众文化活动的吸引力和生命力源于活动自身的特色,只有在保持自身特色的前提下与时俱进,群众文化活动才能发挥出应有的作用。

(一) 创新思维

开放、创新的思想观念往往具有先进性。对于群众文化工作而言,创新思想是重要的先决条件,只有创新思想,才能与时俱进,才能在时代变迁中保持工作方式、方法的先进性,才能跟上时代发展的步伐。保持群众文化活动的吸引力是开展群众文化工作的必要前提,只有具备足够的吸引力,群众文化活动才能吸引广大群众积极参与,才能使自身的价值得到更完美的体现。

在当前的环境中,各种新媒体的出现,使得传统的群众文化活动的吸引力逐渐下降,人们足不出户便可享受到交流的乐趣,这对传统的群众文化活动形成了巨大的冲击。但是我们也必须看到,新媒体并非完美无缺,取长补短、优势互补才是发展的必然,而这需要思维的创新。只有不断创新思维,人们的眼界才能不断开阔,思想才能得到转变,才能在工作中化被动为主动,才能更好地开展群众文化活动。

(二) 创新方法

1.推动群众文化向多元化方向发展

当前,群众的精神文化需求已由单纯的爱好转变为"求知、求乐、求美"的多元化需求,其中,既有强调文化享受的,又有要求彰显个体文化素养的;既有追求"下里巴人"式的传统群众文化的,又有崇尚"阳春白雪"式的高雅文化的……随着社会主义市场经济的不断发展,人们的物质生活水平不断提高,人们对精神文化生活也有了更高的要求。在这种情况下,我们要自觉推动群众文化向多元化方向发展,以满足人民群众多样的精神文化需求。

2.借助新媒体拓展群众文化活动的宣传途径

新媒体让公共文化服务机构具有自我生产和传播的能力,也让群众文化信息具有更多可以选择的通道。利用新媒体开展群众文化工作,可以促进群众文化工作不断实现多元化、普遍化,可以保证在多个信息传播线上消解公共文化服务与群众的时空距离。例如,建立官方网站、官方微博、官方微信公众平台等,都可以在较短时间、较大范围内获得较好的宣传效果。在网站、微博、微信等新兴媒体上布局传播平台，建构彼此呼应、有效衔接的传播矩阵，是新媒体时代公共文化服务机构提升服务质量的必然选择。例如，在基层群众文化建设中，有关部门可以创造性地利用网络建立"网民沟通会"制度。"网民沟通会"以社区居民喜爱的活动为主题，在每次活动举办前，相关部门可通过短信、网络等发布"会议启事"，让辖区内的网民自愿报名参加。相关职能部门要派专人负责解决网民普遍关心的问题，为网民答疑解惑，以确保活动举办的质量。有关部门还可以通过开通微博、微信，关注各种"网言网语"，分析每周网民关注的重点。

3.拓展群众文化工作的内容与服务功能

文化内容是群众文化活动开展的根本载体。群众文化工作者必须根据群众对文化信息的需求，借助新媒体，传播正确的文化知识和文化价值观念，从而提升群众的文化素养。群众文化工作者要精心准备选题，在微博、微信等新媒体上持续推送优质的群众文化内容，应用现代信息技术，优化新媒体平台的功能结构，通过文本、音视频、虚拟现实等方式进行文化传播，实现文化内容数字化、网络化，以方便群众对文化信息的访问，加大群众对文化活动的知晓度与参与度。数字图书馆、群众文化互动平台等数字文化网络平台的建立，扩展了文化服务的工作模式，为群众提供了更便捷、更直观、更高效的文化服务平台。集图像、声音、文字、动画和数据于一体的数字文化网能让群众以直观的方式轻松、自由地进行文化体验，这实现了文化资源跨地域的传播和共享。利用新媒体开展群众文化工作，可将广大群众变成实实在在的参与主体，让他们成为问题的提出者、发现者，这样就可以实现群众智慧与群众文化工作、社会管理工作的有机结合。网民来自普通群众，他们提出的问题一定是自己真正关心的，且他们对其有着清晰的感知和认识，他们的许多建议不仅有针对性，而且具有很强的操作性，这就为相关部门开展工作和解决实际问题提供了便利与帮助，有利于促进群众文化工作的健康开展。

4.利用新媒体以群众为主导开展群众文化活动

新媒体的发展得益于互联网科技的不断发展，科学技术的发展可以更好地服务新媒体。在新媒体环境下，人们对群众文化信息的访问、发表、转发等行为，都能够自动地存储在互联网上。文化机构网站的访问路径和时间、微博或评论文本的发表和转发等，在一定程度上反映着人民群众的真实文化需求。对于某些文化内容的收藏、评论、点赞和转发等，有关人员可以利用相关技术进行统计和分析，文化宣传部门也可以投入专门的资源，对新媒体上的行为数据进行搜集、整理和分析，从而挖掘群众的文化生活需求，并在社会主义核心价值观的指导下，为群众提供个性化的文化信息。

人民群众既是群众文化的参与者、群众文艺脚本的"创作者"，又是群众文艺节目的"剧中人"。坚持以人民为中心的文艺方向是文艺工作的基本规律，也是群众文艺事业繁荣发展的内在要求。这就需要群众文化工作者在实际工作中积极拓展文艺作品供给渠道，及时回应群众关切，开展好"菜单式"服务，充分利用贴吧、微信、微博等新媒体，广泛征集群众文化活动方案和原创文艺作品，满足不同地域、不同职业、不同年龄段的群众需求，并充分尊重群众在文化活动中的主体地位，形成"自下而上"的公共文化服务模式，实现文化建设上的"以民为本"。

第二节 基于群众舞蹈的群众文化活动

群众舞蹈作为一门兼收并蓄、紧跟时代步伐的艺术，对于推动社会文化发展、促进个体完善、增强社会凝聚力、营造和谐社会环境等，具有积极的作用。本节将围绕群众舞蹈，对群众文化活动进行探讨。

一、群众舞蹈的含义及分类

（一）群众舞蹈的含义

群众舞蹈的对象是群众，它是群众所参与的艺术活动。理论界认为，群众舞蹈的参与者通常都有除舞蹈之外的固定职业，他们是在工作之余参与大众舞蹈活动的。因此，群众舞蹈泛指"广大人民群众在劳动、工作、学习之余的自娱性舞蹈活动"。从性质上看，群众舞蹈与专业舞蹈相对立，具有更广泛的社会参与性和自娱自乐性，是民众自发形成的大众文化生活的重要组成部分。

活跃在20世纪80年代的群众舞蹈工作者蔡建民提出，群众舞蹈主要是相对专业舞蹈而言的，它是人民群众喜闻乐见、由群众自己参与表演的、有一定观赏价值的社会性舞蹈。简言之，凡是专业团体表演以外的舞蹈，均可称为群众舞蹈。群众舞蹈并没有固定的舞蹈种类，也没有舞蹈风格的限制，更无关参与者水平的高低和能力的强弱，它是某一特定群体在某些时间段所从事的具有自身艺术特性的艺术形式。

群众舞蹈大多是通过群众舞蹈活动展现出来的，至今仍有人将群众舞蹈与群众舞蹈活动混为一谈，认为它们所指的内容在很大程度上是重叠的。其实，二者并不是同一层级的概念。群众舞蹈是我们对于群众所参与的舞蹈的总称，而群众舞蹈活动则是它的组织方式。与群众舞蹈相对的是专业舞蹈，专业舞蹈的表现形式是舞台表演，专业舞者在表演时是万众瞩目的焦点，是舞台上的中心，这是舞台赋予他们的呈现方式。专业舞蹈注重的是表演，而群众舞蹈注重的则是参与，它不受地域的限制，不受艺术水平的限制，更不受参与群体的限制，只要有参与群众，只要有活动场所，只要有艺术的原始活力，群众舞蹈活动便能发生。

群众舞蹈活动是群众文化生活中的一个重要组成部分，由有着古老传统的、代表农耕文化的各族民间舞和近期发展起来的代表工业文明的城市室内舞、集体舞、舞台表演性的舞蹈两大部分组成。可见，群众舞蹈活动作为群众舞蹈的具体组织方式，在群众舞蹈中占有重要地位，也起着重要作用。当然，群众舞蹈活动可以通过各种形式展开，如群众舞蹈展演、群众舞蹈比赛等。

（二）群众舞蹈的分类

群众舞蹈包含着多种多样的形式和风格，内容十分繁杂。在日常的社会生活中，因特定的人群或者特定的风格而形成的各种新名词在群众舞蹈的范围内不断生发出来，人们约定俗成地将具有相同特点的舞蹈划分为一类，如此便产生了企业舞蹈、儿童舞蹈、校园舞蹈、老年舞蹈、社交舞蹈等。不同的舞蹈种类涉及的人群会有重叠，涉及的舞蹈风格会有类似，这都是常见的现象。

由于群众舞蹈种类繁多、覆盖面广、内容丰富、形式多样，因此对其进行分类尤为重要。群众舞蹈的概念与社会舞蹈的概念在一定程度上是相互重叠的。按照人们所认可的分类方式，可以将舞蹈分为生活舞蹈和艺术舞蹈两大类。群众舞蹈属于舞蹈的一个分支，当然也遵循舞蹈的总体分类特点。根据这一分类特点，我们可以将群众参与的具有一定艺术性和表演性，并且经过精心排演的舞蹈形式归为艺术舞蹈。除此之外，大多数由大众参与的自娱性的舞蹈则属于生活舞蹈。然而，这样的分类方式并不能满足体系庞大的群众舞蹈的分类要求。因此，我们应将群众舞蹈按照不同的属性进行细致的划分。

第一，群众舞蹈的参与人群不受限制，下至年幼的儿童，上至年迈的老人，无论是哪个年龄段的人，都可以参与到群众舞蹈当中来。因此，按照参与者的身份和年龄的不同，群众舞蹈可分为幼儿舞蹈、校园舞蹈、成人舞蹈、企业舞蹈、中老年舞蹈等，其中，校园舞蹈又可细分为儿童舞蹈和青少年舞蹈。

第二，群众舞蹈不受场地和风格的限制，场地不同，其所呈现的舞蹈形式就不同。按照活动场所的不同，群众舞蹈可分为乡村舞蹈和城市舞蹈两大类。

应该注意的是，以上各种分类方式并不是独立存在的，它们之间是相互重叠、相互交叉的。例如，在成人舞蹈中，既存在健身舞蹈，又存在舞蹈培训，而舞蹈培训既包含儿童培训，又包含成人培训等。在研究群众舞蹈时，我们不能将各种分类方式硬性地割裂开来。

二、群众舞蹈的发展趋势

群众舞蹈以群众为主体，因此更具有广泛性，可以同时容纳各种年龄阶层的人，这是其他艺术门类远不能及的。这些人不仅是舞蹈的观赏者，而且是参与者、表演者和创作者。因此，群众舞蹈的发展前景是十分乐观的。

（一）专业化

今后，群众舞蹈的发展会逐步向专业化迈进。现今的群众舞蹈已经得到了相当程度的普及，如何使其向专业化、团队化发展，是我们要探讨的问题。如今，大大小小的培训中心遍布城市的各个角落，社区舞蹈团、单位文艺队也如雨后春笋般迅速崛起，各种专门针对群众的舞蹈比赛、文艺晚会骤然展开，这在很大程度上加快了群众舞蹈的发展。

（二）年轻化

未来，群众舞蹈的发展会更加顺应时代的潮流。舞蹈要创新、要发展，就必须紧贴生活，紧跟时代的步伐。作为一种特有的艺术表现形式，舞蹈源于生活，又高于生活，它可以在表现生活的同时，进行艺术的再现。我们要想创造出新的东西，就必须向前看，不能一直停留在传统中，要不断寻找新鲜的灵感，顺应时代的潮流，满足人民群众日益增长的美好生活的需要。

现在，群众舞蹈的主体是儿童和中老年人，因此如何在青少年中普及群众舞蹈，是未来有待解决的问题。作为群众舞蹈创作的生力军，青少年是青春与激情的代言人，他们喜欢的大多是充满朝气与活力的舞蹈，如街舞、拉丁舞等。很多学生并不是不喜欢舞蹈这种艺术形式，而是没有足够的时间去接触它，他们每天都有很多学习任务需要完成，几乎没有时间去学习舞蹈。因此，要想在青少年中普及舞蹈，就必须从学校教育开始，将舞蹈纳入学生的课程体系，让学生在学习的同时也能受到艺术的熏陶，这对其全面发展是很有益的。

（三）数字化

当今社会已迈入信息化时代，各种科学技术为我们带来了更加舒适、便捷的生活，群众舞蹈的发展与科学技术的结合更加紧密。网络、传媒的发达使人们对信息的获取更加便捷，网络普及使信息得到了最大程度的传播。我们既可以充分运用虚拟的平台，将舞蹈作品通过网络终端传播到世界各地，又可以通过网络与远方的舞蹈爱好者、工作者进行交流。另外，现在的科技已经可以将数字技术运用到舞蹈的编排、创作中，这对舞蹈的多元化发展起到了促进作用。历史的进步关键在于创新，舞蹈工作者只有在紧跟时代步伐的同时，从不同的切入点对现有的舞蹈进行再创作与创新，使之更加适应当今人民群众的需求，才能使群众舞蹈真正成为人们抒发情感、愉悦身心的艺术形式。

三、群众舞蹈的特征

（一）群众性

群众性是群众舞蹈的根本性特征。自中华人民共和国成立以来，国家就将"群众路线"作为治国的重要方针，政治工作是如此，文化工作也是如此。可以说，有群众基础的文艺事业，才是有生命的。就群众舞蹈而言，它的参与者是广大人民群众，它的服务对象和欣赏者同样是人民群众，一切都围绕着"群众"这个群体，它几乎覆盖了全国各个年龄阶段、各个阶层、各个民族及各个领域的民众。正是因为有他们，群众舞蹈这种艺术形式才有了广泛的群众基础和极强的生命活力。因此，群众性是群众舞蹈的根本性特征。然而，其根本的属性和特征又不仅仅停留在群众层面，在群众这个广大的集体中，人与人之间的交流活动构成了社会关系，构成了系统的社会生活，这使人在交往活动中具备了明显的社会属性，因而群众舞蹈也具有社会性。

（二）时代性

任何艺术都服务于它所处的那个时代，跟不上时代的艺术，就不可能有立足之地，就失去了它的存在价值。每个时代都有其文化特色，群众舞蹈作为一门独特的艺术，要紧跟时代的脚步，彰显时代的特色，与时俱进，表现时代的特征。群众舞蹈要彰显时代特色，首要的是引领时代文化的风尚。在当今时代，舞蹈艺术不断走向舞蹈本体的主体化、内在心灵化、内涵意蕴的深刻化和形式的多元化。群众舞蹈的时代性在很大程度上要求作品的主题更突出一些、更直接一些，要求作品更"教化"一些、更怡情一些、更娱乐一些。只有结合自身特点，寓教于乐，把时代文化的精髓吸收并蕴含于艺术创作中，群众舞蹈艺术才能得到创新与发展。

（三）地域性

《舞蹈生态学》按照舞蹈的功能，将舞蹈划分为两大类，一类是自然舞蹈，另一类是表演舞蹈。除了创作型和表演型的民众舞蹈作品外，如今的群众舞蹈大部分都属于自然舞蹈。这里所研究的自然舞蹈与自然、环境和生态有着千丝万缕的关系。不同的民族聚居于不同的地域，由于地理环境不同，其劳作方式、交通状况、饮食服饰、生活习俗也不同，在自然环境和社会文化环境等多重因素的影响下，舞蹈本体产生了多种多样的呈现方式。因此，我国的民族舞蹈、民间舞蹈便因民族、地域等因素的不同，而有着自身的独特魅力，从群众舞蹈的角度分析，可将其归纳为"地域性"。简而言之，不同地域、不同民族都产生了具有自身独特风格的舞蹈。

（四）形式多样性

从内容方面来说，群众舞蹈不受风格的限制。在田间地头、村落山寨，经常会出现最质朴的民族舞蹈、民间舞蹈，在城市的艺术培训中心，也会出现高、精、尖的舞蹈艺术。在群众舞蹈活动中会有民俗表演，当然也会有古典舞、现代舞表演，也有不少群众参与芭蕾舞的训练。在公园的晨练"大军"中，还有很多人在练习快四步、慢三步、水兵舞等西方舞蹈。可见，群众舞蹈的内容不仅是古今结合，更是中西合璧。

从参与群体的角度来说，群众舞蹈更是涵盖了各个年龄层。在我国大众的认知中，舞蹈素养的培养应该从小开始，因此幼儿舞蹈成为广受关注的一种形式。企业为增强集体的凝聚力和活力，不断开展业余舞蹈活动，也成为员工热议的话题。老年人在退休后为了丰富自己的业余生活，常常会参与到群众舞蹈活动当中，这为他们的生活增添了无限乐趣。可见，群众舞蹈是一种老少皆宜的艺术形式，深受大众喜爱。

另外，群众舞蹈的形式十分灵活，它不受场地的限制，也不需要专业的教室和高水平的指导教师，更无须精美的舞台或剧场，无论是室内，还是室外，都可以成为群众舞蹈的表演空间。这就决定群众舞蹈的形式必然是多种多样的，甚至是多种元素相互融合的，即在集体舞中有民间舞元素，在业余生活中有高雅的芭蕾，在集体仪式中有大秧歌，可谓雅俗共赏、融会贯通。

（五）娱乐性

在谈及艺术的起源时，德国哲学家伊曼努尔·康德认为艺术是"自由的游戏"，德国的诗人、文艺理论家约翰·克里斯托弗·弗里德里希·冯·席勒提出"游戏说"，其根本立论是"艺术的根本起因是游戏的冲动"。这就说明，人们本身便存在对于娱乐的需求。最具有传统意味的群众舞蹈在出现至发展的整个过程中，或多或少都带有娱乐意味，这一点在民间舞蹈中尤为明显。娱乐性是所有艺术形式的本质属性，娱乐使艺术的发生、发展和繁荣有了内在的驱动力。

在中国古籍中有记载，当内心的情绪无处宣泄时，人们便自然而然地"手之舞之，足之蹈之"。人们通过这种艺术形式，通过热闹的艺术活动，抒发内心的情绪，从中获得乐趣和满足，这无疑是舞蹈的重要特征。群众舞蹈作为具有原始舞蹈属性的舞蹈形式，在这一点上更为突出。苏·詹宁斯在探讨"安全阀作用的宣泄理论"时，提出舞蹈是对于内心受控情绪的一种有效宣泄；赫伯特·斯宾塞也提出舞蹈具有宣泄情绪的功能。

从娱乐对象的角度来看，娱乐性包括娱人和自娱两个方面。在舞蹈活动中，表演者可以在表演的过程中体会到乐趣，得到美的享受，从而达到自娱的目的。同时，表演者可以通过舞蹈表演感染欣赏者，在自娱的同时，实现舞蹈的娱人功能。

（六）审美性

"美"使人感到愉悦，是人在任何时候都会不自觉地追逐的一种东西，因而出现了专门研究"美"的系统学科，即美学。不同的人对于美的理解或许不同，但是"美"与艺术有着密切的关系这一点却是诸位美学大家都认同的。无论是美学鼻祖亚历山大·戈特利布·鲍姆嘉通，还是康德等美学大家，都在研究"美的艺术"。舞蹈作为艺术的一个分支，自然是具有美感的。舞蹈美在肢体、美在动感、美在动作背后的深刻内涵。群众舞蹈并不像舞台专业舞蹈那样具备高难度的动作和技巧，但它同样具有很高的审美价值。群众舞蹈的参与人数众多、覆盖面广，其欣赏者也较多，每个人都可以从中得到美的享受和精神的满足。对于更为高级的群众舞蹈活动来说，在活动前，人们会进行规模或大或小、水平或高或低的舞蹈编排，编排者将自身的审美经验贯穿在舞蹈当中，表演者又根据自身的审美观念对舞蹈进行再创造，所以舞蹈作品是不同审美层次的叠加，能使欣赏者从中欣赏到多层次的美。

四、群众舞蹈的社会功能与普及

（一）群众舞蹈的社会功能

1.群众舞蹈在社区文化建设中的作用

社区文化是指在一定区域和社会条件下，社区成员在社区社会实践中共同创造的具有本社区特色的精神财富及其物质形态。社区文化本质上是一种家园文化，具有社会性、开放性和群众性的特点。发展社区文化，可以强化社区居民的主人翁意识，倡导健康的民风民俗，增强社区居民的归属感，维系社区良好的人际关系，提高居民的生活质量。群众舞蹈在社区文化建设中的作用，主要体现在以下几个方面：

第一，桥梁作用。群众舞蹈的特殊性决定了它既是构建和谐社会的重要内容，又是构建和谐社会的必要条件。群众舞蹈的自我娱乐、调整身心、自由、健康、积极向上的特征，促进了精神文明的良好发展，为社区居民提供了良好的交流情感的平台，并维护了社区的秩序，促进了社会和谐。社区文化活动的良好发展，可以使居民对社区有很好的归属感，有利于塑造和谐健康的社区精神风貌。

第二，健身作用。人们只有拥有强健的体魄，才能保证各项活动的正常开展。在平时的生活中，适当地参加一些群众舞蹈活动，能够强身健体。通过群众舞蹈，人们可以有效地锻炼自身的身体平衡能力，促进肢体间的协调，使自身的柔韧性得到极大的提高。此外，群众舞蹈还可以促进身体的新陈代谢，在提高人的运动能力的同时，延缓身体的衰老。从专业的角度来讲，群众舞蹈属于一种有氧运动，人们在参与群众舞蹈活动的过程中，可以对整个身体的状态进行调整，从而达到身心愉悦的状态。

第三，培养健全的品格。在平时的生活中，人们通过参与群众舞蹈活动，能够在潜意识里加强自身对美好事物的感知力，提高自身的审美能力，从而达到净化心灵的目的。在群众舞蹈的熏陶下，人们能够逐渐培养出真善美的健全品格，使自身的精神得到升华、品质得到提高。除此之外，群众舞蹈还有利于磨炼人的意志。

学习任何一种舞蹈都要经过大量的训练，而在训练的过程中，人们需要克服重重困难。这种学习经历能对人的意志进行充分磨炼，使人养成持之以恒、不畏艰难、吃苦耐劳的精神和品质。同时，群众舞蹈的团体表演特点还决定了人们通过参与群众舞蹈活动，能够充分认识到团队合作的重要性，这有利于培养人们的团结互助精神，增强人们的纪律意识及团队意识。

总而言之，随着人们精神文化水平的不断提高，群众舞蹈在人们的生活、学习及工作中越来越普及，通过练习群众舞蹈，人们逐步实现了自身体格的强健、品格的健全，以及思维的扩展。可以预见，群众舞蹈在未来将会更加普及，将会成为群众文化生活不可分割的一部分。

2.群众舞蹈在公共文化建设中的作用

群众舞蹈作为一种艺术形式，是舞蹈艺术事业的一个十分重要的组成部分。群众舞蹈的群众性揭示了其根本属性和发展方向，它所承载的内容不仅仅局限于舞蹈本身，而是具有十分广阔的文化内涵，具有美好的发展前景。对各地的文化馆而言，群众舞蹈是本地区公共文化活动的重要形式，要进一步繁荣群众文化事业、推进公共文化建设，我们必须深刻认识和把握群众舞蹈在公共文化建设中的重要作用。

（1）舞蹈是传承文化艺术的重要载体

舞蹈和音乐是最早产生的艺术，在人类尚未产生语言的时候，人类就会用动作和声音来表现自己的思想和情感。由于动作的形象是具体可见的，是更易被人们感知的，所以它比声音更富于感染力。从远古时期的舞蹈图腾开始，各民族、各地域的群众舞蹈通过传承和发展流传下来，也正因为如此，舞蹈才成为人类历史上最悠久的艺术之一。随着社会文明的发展，舞蹈逐步成为社会娱乐和交往中的一项高尚的文化活动，人们会在业余时间或节假日，随着音乐翩翩起舞，通过舞蹈交流感情、愉悦身心、消除疲劳，从而达到振作精神、陶冶情操、健美体魄的目的。

从某种意义上来说，群众舞蹈真实地记录了群众文化艺术产生、形成和发展的全过程，是群众艺术智慧的结晶。反之，如果没有群众文化艺术活动，人类历史就有可能被阻断，从而不能得到有效的延续和传承。因此，我们要充分认识群众舞蹈这一重要文化载体的功能，不断推动群众文化事业向前发展。

（2）弘扬舞蹈艺术，展现健康向上的精神风貌

从舞蹈的起源和发展历史来看，舞蹈是人类社会的产物，有什么样的社会，就会产生什么样的舞蹈，但反过来，舞蹈又作用于社会、反映社会生活，是社会文化发展史中的一个重要方面。群众舞蹈与社会发展、时代进步有着密切的联系，折射出了人们健康向上的精神风貌，是社会经济文化繁荣发展的重要标志。

（3）强化群众舞蹈的文化功能，为保障大众公共文化权益服务

随着社会的发展，人民群众对文化娱乐生活的需求发生了变化。舞蹈已成为人民群众对精神文化生活的一种需求，人们对它的要求也在悄然发生变化：一方面是量的增加和质的提高，另一方面是人们已不再满足于过去的单纯的形式。

从某种意义上说，群众舞蹈有利于调节大众身心，有利于丰富大众文化生活，有利于构建和谐社会，它体现了大众的意志，体现了大众对生活品质的要求。正如中国古典文艺理论所说的："情动于中而形于言，言之不足，故嗟叹之，嗟叹之不足，故咏歌之，咏歌之不足，不知手之舞之，足之蹈之也。"由此可见，人类的抒情形式是呈阶梯状逐步提高的，舞蹈艺术是人类最高的抒情形式。

人民群众的精神文化需求是不断提高的（包括形式和质量），在音乐已经十分普及的今天，舞蹈文化正成为人民群众精神文化生活的一种新追求。也就是说，人民群众有权利选择自己喜爱的舞蹈文化，人民群众也有能力创造自己喜爱的舞蹈文化。这种大众舞蹈文化的新理念，正在成为人民群众提高精神文化生活质量的主流，这无疑能使中国舞蹈文化的发展产生质的飞跃。

（二）群众舞蹈活动的开展

舞蹈具有健美肢体、陶冶情操、培养品格的独特功能，是人们充实思想、激发情感、净化心灵的有效方式。群众舞蹈可以表达人们对美好生活的向往，可以展示一个社区的精神风貌，可以活跃和促进群众文化活动的开展，可以提升社区的文化层次和品位。如今，人们已经将群众舞蹈作为相互帮助、交流感情、健身强体的手段，不同层次、不同素质、不同爱好的人都能在群众舞蹈中找到属于自己的一片天地。我们要引导社区群众文化的发展方向，通过广大人民对群众舞蹈的参与，将社区打造成普及与提高群众艺术的场所，使群众舞蹈成为人们文化生活中的一道亮丽的风景线。

群众舞蹈活动的开展，应注意以下两个方面的内容：

1.群众舞蹈的人员组成

群众舞蹈活动应在社区文化专职人员和文化站、艺术馆等群众艺术管理机构的专业指导下开展,社区群众舞蹈活动的参与人员应以社区所辖的居民(包括各企事业单位员工)为主,大致有儿童、少年、中青年、退休人员等。

儿童、少年是社区文化活动的主要参与者,也是群众舞蹈的主力军。社区舞蹈的开展,可与幼儿园、学校文艺活动结合起来进行,根据德、智、体、美发展的规律,充分利用幼儿园、学校在组织和场地上的优势,形成校内、校外一体的社区舞蹈活动新形态。

社区内的中青年人群也是群众舞蹈活动的重要参与者。虽然中青年人群受职业和工作条件所限,在时间上不如儿童、退休人员充足,但在艺术表现和素质上却略胜一筹。因此,我们应找准时机,调动社区内各单位的中青年人群,不断开展符合他们要求的群众舞蹈活动。

退休人员是社区居民中比较稳定的群体,也是社区文化活动的另一支重要力量。退休人员不仅有较多的时间和精力参加社区的文体活动,而且他们中许多人有文艺特长,同时为了锻炼身体,他们也十分愿意参与群众舞蹈活动。

2.群众舞蹈的内容和形式

舞蹈是一种人体动作艺术,我们可以在跳舞时舒展筋骨、宣泄情感。群众舞蹈具有浓郁的民间特色,深受人民群众的喜爱。社区的群众舞蹈,大体可分为广场舞蹈(娱乐性)、体育舞蹈(锻炼性)和传统表演性舞蹈三大类。

(1)广场舞蹈

广场舞蹈是群众参与性很强的艺术表演形式。广场上的表演一般以集体舞形式出现,少则几人,多则几百人,场面十分热闹。广场舞蹈是社区群众舞蹈最常见的形式,它能使舞蹈的强身健体、娱乐休闲及社交等功能得到充分体现,其参与者包括各个年龄段的人群。

(2)体育舞蹈

随着人们生活质量的提高,越来越多的城市居民以地缘、区域为基础,自发、自愿结成体育群体进行健身活动,如社区居民的晨练活动、社区广场的傍晚休闲文体活动等。这些原本单纯属于健身运动的活动,在加入音乐和舞蹈肢体动作后,逐渐形成了以健身为主的舞蹈,如木兰扇、腰鼓、秧歌舞等。

除此之外,体育舞蹈也有较为专业的国际标准交谊舞等。体育舞蹈的参与者以社区退休老人和体育舞蹈爱好者为主。

（3）传统表演性舞蹈

传统表演性舞蹈是社区群众舞蹈的精华，其参与者相对固定，且有一定的舞蹈表现能力，舞蹈内容以传统舞蹈中的民族舞蹈为主，主要参与重要节假日、重大庆典和较为系统的舞蹈比赛，具有较强的表演性。传统表演性舞蹈代表了社区群众舞蹈的最高水平。

（三）群众舞蹈文化的普及

1.普及群众舞蹈文化的原因

（1）多数人对于舞蹈的认识不够全面

现在，仍然有许多人对舞蹈没有正确的认识，认为跳舞是一种比较幼稚的行为，没有任何前途可言，甚至觉得跳舞会对自己的社会地位造成一定的影响，从而阻碍自己在社会上的发展。这些不正确的想法在一定程度上阻碍了我国群众舞蹈文化的发展，所以我们有必要对群众舞蹈文化进行普及。

（2）舞蹈过于追求专业化

随着时代的发展，很多艺术舞蹈越来越追求专业性，这使得舞蹈给人一种"高不可攀"的感觉，让围观者在赞赏的同时心生退意，不敢对舞蹈进行尝试，从而使舞蹈离我们的日常生活越来越远。很多人觉得舞蹈学习太难，而且十分辛苦和劳累，一些意志力薄弱的人则因受不了舞蹈的高强度训练，不得不放弃学习舞蹈。

（3）舞蹈文化的发展具有一定的差异性

舞蹈文化的发展存在着地区差异性，文化发达的地区和文化相对落后的地区在认知观念上通常存在较为明显的差异，在那些文化相对落后的地区，人们很难看到专业的舞蹈演出。舞蹈普及的开展和舞蹈商业化的发展存在着差异性，两者的发展方向不同，所得到的结果也不尽相同。专业的舞蹈教学和业余的舞蹈教学有着明显的差异，专业的舞蹈教学会指引学习者走上真正的舞蹈之路，而非专业的舞蹈教学可能只会使学习者渐渐失去学习舞蹈的信心。

2.广泛开展群众舞蹈文化普及活动的意义

（1）实现舞蹈的可持续发展

舞蹈艺术是一种特殊文化，属于非物质的、非文字语言的文化。这种特殊文化的传承有其特殊性，不仅需要保护，而且需要代代相传。我国古代的宫廷乐舞、伎乐舞蹈等专业舞蹈已经失传，现在的古典舞也只是中华人民共和国成立初期由舞蹈专业工作者根据中国戏曲中的舞蹈成分整理而成的。非物质文化一旦失去，就不可再生，一种非物质文化遗产的失传，是一个民族乃至人类的损失。舞蹈文化不仅需要传承，而且需要发展，发展必须靠人本身。舞蹈文化的建设和发展不仅需要较大的专业舞蹈群体，而且需要更大的非专业舞蹈群体。只有广泛地开展群众舞蹈文化普及活动，让更多的人认识和了解舞蹈艺术厚重的文化积淀和深刻的文化内涵，才能使更多的舞蹈爱好者参与到舞蹈活动中，才能真正实现舞蹈文化的传承和发展。

（2）促进身心健康和人际和谐

抒情性是舞蹈的本质属性，舞蹈活动是一种情感活动。现代舞蹈生理学研究发现，跳舞时的肢体运动可以给人带来精神与生理的双重愉悦，使人的情感得到充分释放，所以舞蹈具有一定的心理调适作用。经常进行舞蹈锻炼，能使人的肌肉、骨骼更匀称，能使肌肉富有弹性、关节更加灵活、身体更加协调，有利于我们形成正确的体态和健美的形体。

舞蹈还能够提高人的心肺功能，促进血液循环，改善呼吸系统和消化系统，提高人体的灵敏性。群众舞蹈是一种群体活动，可以增强人的人际交流与沟通能力，锻炼人的社会交往和活动能力。

（3）提高国民综合素养，丰富群众文化生活

舞蹈作为一种人体的艺术，有自己独特的审美特征和艺术理论，在舞蹈多姿多彩的美感形式之下，有着悠久的历史、丰富的内涵。另外，舞蹈还与多种学科关系密切。普及舞蹈文化，可以让更多的人认识舞蹈、了解舞蹈，提高自身的舞蹈审美能力和鉴赏水平，加强自身的艺术修养，提升自身的文化艺术水平。

舞蹈文化是群众文化的有机组成部分，无论是民间社交广场上的大秧歌，还是各种群众文艺活动中的舞蹈演出，都是群众文化活动的重要组成部分。普及群众舞蹈文化，可以让舞蹈走进人们的生活，使人们的生活更加丰富多彩。

3.普及群众舞蹈文化的方法

（1）突出群众舞蹈文化的群众性特点

我们要想普及群众舞蹈文化，就必须强调和突出群众舞蹈文化的群众性特点，将其与专业的舞蹈活动区别开来，并选择群众喜闻乐见的方式，为群众舞蹈文化活动创造更

多的表演平台。只有这样，才能让更多的舞蹈爱好者参与到舞蹈活动中来，享受舞蹈的乐趣。

值得注意的是，在群众舞蹈文化的普及中，我们一定不能按照专业的舞蹈标准来要求群众，不能过于强调舞蹈的规范性和技巧性等。舞蹈表演不一定要求是专业的，在普及群众舞蹈文化时，我们只需追求舞蹈形式方面的新颖和生动即可，同时还可以在其中掺杂一些民族艺术类的元素，这样可以使群众舞蹈更容易得到大众的喜爱，能够有效地促进群众舞蹈文化的普及。

（2）突出群众舞蹈形式方面的多样性

群众舞蹈要想真正融入群众，必须贴近生活，符合人们的实际审美需求。为此，我们要突出群众舞蹈形式方面的多样性，使之富含群众生活气息。例如，民间的传统舞蹈通常都具有浓厚的传统性、地域性及民族性；校园舞蹈专注于体现文化发展的开放性特点，秉持多元化发展的方向，促使舞蹈与知识教学互相融合，使舞蹈的性质与学生的素质培养挂钩；企业舞蹈及军旅舞蹈等都有着独特的风格和追求。

如今，群众舞蹈的主要形式是广场舞，这种舞蹈可以说是多种舞蹈的结合，涵盖了传统舞蹈当中的各种经典元素，其编舞具有多样性，没有统一的编排方式，一经推出便风靡全国。如今，广场舞已成为参与人数最多、覆盖面最广、影响最大的群众性舞蹈。

第三节 中国优秀传统文化与群众文化活动的融合

一、发挥政府引导作用，推进协调统筹发展

政府的引导作用，对促进中华优秀传统文化在群众文化活动中的传承具有重要作用。群众文化活动与中华优秀传统文化的结合是一项任重而道远的任务，需要全国各族人民的共同努力，尤其是一些乡村和社区自发组织的民间群众文化活动，参与者多是出于自娱自乐、陶冶情操的目的，创新能力较为薄弱。

当前，中华优秀传统文化在群众文化活动中的传承，需要专业人员的指导，需要政府的协调统筹，为两者的结合提供全方位的支持，以丰富群众文化活动的内容和形式。在政府的引导下，群众文化活动能吸引社会各界的广泛参与，获得更多的资源。

（一）建立长效机制

所谓长效机制，即能长期保证制度正常运行并发挥预期功能的制度体系。为了保障中华优秀传统文化的传承和发展，各级政府必须制定相关的政策与法规，为中华优秀传统文化的传承和发展提供制度保障。长效机制的建立，能保证中华优秀传统文化在当下多元价值观的冲击中冲破自身农耕性的束缚，摆脱商业的附庸性，保持中华优秀传统文化的纯度。建立长效机制，要发挥各级政府的主导作用，具体来说，包括以下几个方面的工作：

1.实行系统性立法

目前，我国制定了相应的文化保护法规，对传统文化资源进行相应的保护。以河南为例，郑州有《郑州市嵩山历史建筑群保护管理条例》，用以保护嵩山景区历史建筑群；洛阳有《洛阳市隋唐洛阳城遗址保护条例》，用以保护隋唐洛阳城遗址；新乡有《河南省新乡潞简王墓保护管理条例》，用以保护我国规模最大的明代藩王墓；等等。这些立法保护条例对于我国文物遗址的保护，发挥了重要作用，体现了政府对文物遗址的珍爱和重视。但是，由于我国传统文化资源种类繁多、内容丰富，除了上述文物遗址类物质文化遗产外，还有大量的非物质文化遗产亟待保护。因此，必须加大立法保护力度，针对还未受到保护的不同类型的传统文化资源，制定分级分类保护制度和法规。

2.实行传承性保护

传承性保护主要是针对非物质文化遗产项目传承人的保护。在非物质文化遗产的保护中，对项目传承人的保护应该是保护工作的重点。被认定为民族民间传统文化传承人的，应当是本地区、本民族群众公认为通晓民族民间传统文化活动内涵、形式、组织规程的代表人物，或者是熟练掌握民族民间传统文化技艺的艺人，或者是大量掌握和保存民族民间传统文化原始文献和其他实物、资料的公民。其认定应当经过本人申请或他人推荐，并经初审、审核、批准等程序。传承人可以按师承形式选择、培养新的传人。民族民间传统文化传承人依法开展的传艺、讲学及艺术创作、学术研究，应当受到法规条例的保护。对于被认定为民族民间传统文化的传承人，认定部门应当为他们建立档案，支持其传承活动；对于生活确有困难的，当地政府应适当给予生活补助。只有对传承人实施有效保护，才能保护遗产类文化资源的多样性和完整性。

3.实行知识产权保护

近年来，中华优秀传统文化被抢注事件屡屡发生，这为中华优秀传统文化的保护敲响了警钟。中华优秀传统文化的保护与知识产权是密切联系的。传统文化遗产是人们在长期的生产生活中，在前人经验的基础上，进行创造、形成的独具特色的传统文化。因此，很多项目涉及知识产权问题。保护中华优秀传统文化，明确传承人也好，确定项目也好，这本身就是对于这些传承人所创造的技艺和文化传统的认可。设立保护人、保护项目本身也是保护知识产权的重要措施，有些还要与保护知识产权的法律法规结合起来，使保护逐步走向科学化、规范化、法治化的道路，使创造成果能够得到法律的保护。

由于传统知识、传统文化表达和遗传资源的广泛性和复杂性不可能通过单一的模式给予有效的保护，可以考虑按其所属类别的不同，分别采用不同的模式进行保护。除了可采用保守商业秘密、建立地理标志等方式进行保护外，政府、企业还应拿起知识产权这一武器，对中华优秀传统文化进行知识产权保护。同时，必须抓紧申报中华优秀传统文化专利，登记文化遗产，注册商标品牌。此外，对代表中国传统文化的手工产品、文学戏曲艺术，乃至节庆、村名等，也应注册商标、登记产权、形成品牌。

4.实行整体性保护

在整体性保护方面，应将保护范围从个体的文物、建筑，扩大到建筑群、历史街区乃至一个完整的古城，以"整体性保护旧城"的发展理念，代替"旧城改造"的错误方针和口号。对于旧城内的传统建筑，应加强日常修缮，并维护原有的路网格局和街巷肌理，将城市历史渊源、区域文化差异、文化多元性与城市规划、设计尽可能完美地结合。

5.实行社会性保护

社会性保护即是调动社会各阶层的力量，积极行动起来，保护中华优秀传统文化。

一是建立文化资源民间保护机制、学术研究保护机制及宣传普及保护机制，培养社会各界对文化资源的感情和价值意识，提高民众保护自觉度，强化研究者、决策者和执行者的保护理念，营造保护文化资源的良好社会氛围，这是中华优秀传统文化保护的社会基础和心理基础。

二是为解决资金不足的难题，应鼓励企业、个人向文化资源保护投资。同时，应提高全民文化自觉和文化自豪感，促进全社会的文化认同，扩大中华优秀传统文化的宣传和影响。此外，还应鼓励公民、企事业单位、文化教育科研机构，以及其他社会组织，积极参与中华优秀传统文化的保护工作。

6.实行文化资源产业化开发的对位性保护

所谓对位性保护，就是在文化资源开发过程中强调"谁开发、谁受益、谁保护"的原则，把部分开发收益应用到资源的保护上，形成在保护中开发、在开发中保护的良好局面，通过文化产业自身的扩大与积累，改变过去文化由政府保护的单一输血模式。

（二）以旅游业为突破口

旅游业在促进文化发展方面，能发挥重要作用。

首先，文化发展是一个内容与形式协调共进的过程。文化的内容通过各种形式表现出来，这些形式主要包括语言文字、艺术表现、宗教信仰、生活习俗、家居建筑等。通过旅游业这个媒介，文化表现形式得到了发展和创新，其蕴含的内容也通过旅游者的鉴赏得到传播和发展，文化发展的内容与形式有机地匹配在一起，实现了二者的协调共进。

其次，文化发展是一个继承和摒弃共同存在的过程。通过旅游业这个平台，为社会公众提供了自发地、共同地了解中华优秀传统文化的机会，使人们对中华优秀传统文化的重新审视和整体把握建立在符合社会公众的整体需求之上，从而为中华优秀传统文化的继承提供了时代标准。

此外，旅游业对文化发展最直接的作用是它将文化资源转化为社会大众可以消费的商品，随之又为文化的发展提供了资金。在发挥旅游业对文化促进作用的同时，必须注意到旅游业自身的发展并不会带来对文化资源的自觉保护。

因此，在发展旅游业的过程中，首先应提高对文化资源的认识，做到合理开发、利用，实现旅游与文化双赢。因此，合理地开发、利用文化资源，是旅游业的可持续发展之道。合理开发、利用文化资源的关键是要保持文化资源持有者的主体地位，这个主体地位既表现在经济利益的获取上，又表现在文化的保护、创造、发展上。文化的保护、创造、发展都要以当地群众为主体，使保护、创造、发展的文化仍然是本来的文化，而不是仅仅为吸引游客而造出来的"伪文化"。

以河南开封为例，该地结合自身实际，以宋文化为主导，以黄河文化为依托，以传统文化为背景，对其优秀传统文化资源进行整合，创立独具开封特色的旅游文化品牌。同时，该地着力构建宋文化特色鲜明、产业优势明显、发展重点突出、总体实力不断增强的文化产业格局，按照建设具有较强吸引力的国际文化旅游城市的目标，打造宋都、菊乡、水城三大品牌，办好中国开封菊花文化节、灯会、庙会等，努力建好龙亭湖景区等八大精品景区。此外，该地还全面启动宋都古城复建工程，制定朱仙镇发展规划，恢复建设千年古镇。这些都促进了中华优秀传统文化在群众文化活动中的传承。

二、通过群众文化活动，演绎中国优秀传统文化故事

群众文化活动贴近生活，与群众日常生活息息相关，随时随地都可能出现在群众的生活中，因而有着坚实的群众基础。通过群众文化活动演绎中国优秀传统文化故事，不仅可以将优秀传统文化故事搬上舞台，而且可以将优秀传统文化的思想内涵以群众喜闻乐见的形式传递给群众。这样不仅可以丰富群众文化活动的内容和形式，而且可以培养群众的文化自信，让中国优秀传统文化得到更好的普及，为中国优秀传统文化的发展打下坚实的群众基础。

（一）因地制宜开发本土传统文化资源

可广泛开展"家乡传统文化再兴行动"，鼓励各地结合自身特色，采取灵活多样的形式，开发利用本土传统文化资源。需要指出的是，对地方文化资源的开发是一项长期而艰巨的任务，是一项规模宏大的系统工程。对地方文化资源进行开发，必须营造舆论氛围，并形成开发的共同信念和文化联系，以吸引全国各行各业都参与进来，吸引国外资本、技术、人才投入其中。以现代艺术设计为例，现代艺术设计可凭借本身具有的文化特质和丰富内涵，担当起实现有效沟通的角色。艺术设计的文化审美特质和丰富的实用艺术内涵，在发掘地方本土文化资源的过程中具有独特的优势。现代艺术设计能整合地方本土文化艺术资源，进行全方位的文化艺术创新，塑造地方本土品牌形象，包装打造精品名牌，创造竞争优势，把资源优势迅速转化成经济优势，进而转化成市场竞争优势。现代艺术设计可通过企业形象设计、广告设计、包装设计、造型设计等形式，包装地方本土文化企业及其产品，使地方本土文化产品的竞争力不断增强。现代艺术设计还可综合利用科技、经济、文化、艺术等资源，打造出能满足大众审美需求和富有艺术感染力的精品名牌，使商品更具魅力、更富人性。

（二）充分利用民间文化活动

我国地域文化资源极其丰富。就拿地方戏曲来说，近年来，由于现代化进程的加快、社会结构和人们生活环境的改变，以方言为重要特征的地方戏剧出现了前所未有的生存危机。受市场发育程度低和市场主体适应能力低下等因素的影响，演出团体与观众之间的天然联系逐渐削弱，加上外来文化、快餐文化、网络文化的冲击，戏曲由曾经的大红大紫归于平淡，导致小剧种、稀有剧种的减少甚至消亡。缺少观众和市场的地方小剧种陷入了生存困境，剧团经济状况拮据，人才老化、断层，表演技巧流失。一些濒临消亡的戏曲剧种资料散落民间，因无经费抢救，艺术遗产存在失传的危险。地方戏曲是深深植根于地方文化土壤的，特别是地方方言戏曲，它们的根就在方言区。离开方言区去发展地方方言戏曲，是不切实际的幻想。因此，相关部门应认识到地方戏曲的生存与发展都是建立在区域特色文化上的，让这片土地上的人们常常看到他们爱看的戏曲，培养更多的戏曲人才，这才是最为有效的地方戏曲发展之路。

例如，河南省新乡市辉县地处中原，传统文化积淀丰厚，并且具有鲜明的地域特色，尤其是像乐腔、怀梆、二夹弦等传统地方文化剧种在民间有深厚的基础和深刻的影响力。然而，近年来，受到多种因素的影响，传统文化未能在新时期发挥其应有的作用。面对这样的状况，辉县立足民间文化活动，丰富农村文化生活，开发本土传统戏曲文化资源，其工作思路如下：

一方面，组织专业人员整理几代演员口耳相传的传统剧目的剧本并积极"申遗"，使无形的文化有形化；另一方面，鼓励老艺人通过口传身教带徒授艺，使传统文化薪火相传。在此基础上，当地政府还通过组织文艺会演扩大传统文化的影响力，给予民间演出团体一定的政策和资金扶持，让其走向市场，走自我发展之路。这些行之有效的措施，让辉县本土传统戏曲文化在当代获得了良好的发展，辉县的工作思路，可以在全国范围内推广。

再如，甘肃省有着众多的优秀传统文化。甘肃作为一个多民族省份，除了汉族、回族、藏族、东乡族、土族、裕固族、保安族、蒙古族、撒拉族、哈萨克族和满族等规模较大的民族外，还有很多人数规模较少的民族。历史上的甘肃，除了汉族农耕文化与少数民族游牧文化相互交融、不断渗透之外，还有众多的少数民族文化在此碰撞、交融，不同民族的语言、文字、服饰、饮食、宗教、绘画、习俗、建筑和音乐在此出现，开启了甘肃数千年的少数民族大融合历程，这使得甘肃的宗教文化故事、神话故事和民族大融合故事等都极具特色。这些优秀的传统文化故事是群众文化创作的优质素材，可通过编排、设计，成为具有甘肃当地特色的群众文化活动，如甘肃兰州太平鼓、环县道情皮影戏等。这些具有甘肃本土特色的群众文化活动都可以把优秀的传统文化故事作为演绎的素材，还有一些当地的舞蹈、戏曲团体也可以编排这些故事，从而丰富群众文化活动的内容。

三、丰富群众文化内涵，提升群众文化建设水平

随着科学技术的不断发展，社会生产力水平大幅度提高，社会物质财富大为丰富，人们的物质需求得到基本满足后，精神文化生活需求明显增多，文化消费成为主要的消费形式。

（一）加大文化建设事业的投入力度

目前，我国公共文化建设投入不足、基础设施不完善、文化活动形式单一和活动方式陈旧等问题比较突出，尤其是在一些中小城市和农村地区。近年来，我国十分重视群众文化建设，但从整体来看，群众文化建设发展的脚步并不能满足人民群众日益增长的文化需求。对此，我们必须继续加大文化建设事业的投入力度，不断完善群众文化基础设施建设，在组织开展群众文化活动的过程中，将优秀传统文化融入其中，凭借我国优秀传统文化深厚的文化底蕴，不断丰富群众文化活动的内容、创新其表现形式。

（二）保障人民群众的基本文化权益

保障人民群众的基本文化权益，要求我们既要保障人民群众自由、平等地参与社会文化活动的生产与创造，又要让人民群众能够充分、公平地享受社会文化成果；既要保障人民群众在文化生产和创造上展示和发挥个人才能，又要让人民群众在文化生产和创造中所形成、产生的文化成果不受损失与侵犯。要大力推进公共文化服务体系建设，就要按照体现公益性、基本性、均等性、便利性的要求，以政府为主导，以公共财政为支撑，以全民为服务对象，以基层特别是农村为重点，积极构建覆盖全社会的公共文化服务体系，以实现公共文化服务的均等化。在加强文化事业建设，满足人民群众基本文化需求的同时，还要加强文化产业建设，丰富人民群众的精神文化生活。同时，还要加快构建现代文化产业体系，形成以公有制为主体、多种所有制共同发展的文化产业格局，

推进文化科技创新，创造丰富、多样的文化产品，大力满足人民群众日益增长的多样化、多层次、多方面的精神文化需求，促进人的全面发展。

以甘肃敦煌石窟为例，敦煌石窟蕴含着数量庞大、内容丰富的优秀历史传统文化资源，但是能到敦煌参观的人数毕竟有限，而且受时间、精力等因素的限制，人民群众对敦煌石窟的了解有限。为了更好地传播当地优秀传统文化，可以将敦煌艺术转化成群众文化活动，如老年人敦煌舞蹈，以广场舞的形式推广普及；也可以让敦煌舞蹈以群众文化活动方式进社区、进农村，让社区和乡村群众有更多的机会接触敦煌艺术；还可通过群众文化活动的方式，将敦煌艺术融入群众文化活动中来，从而丰富群众文化活动的形式与内容。

四、发展现代文化产业

作为 20 世纪中叶出现的重要产业，文化产业与现代消费文化理念的兴起不无关系。在这一理念的传播与渗透下，精神文化产品的生产与消费逐渐取代了物质产品的生产与消费。这种需求转型使得文化在现代经济发展中的作用日益突出，社会经济开始朝着文化与科技、商务、旅游等资源融合的方向发展，一个以文化为主导的经济时代已然来临。

（一）国际层面

文化经济时代的到来，意味着文化逐渐与经济发展相融合，且与其他产业资源的结合日益紧密。有研究者指出，城市文化与经济等要素的融合不仅是最具活力的发展领域，是当代世界城市化进程中的显著特征，而且在新的资本主义文化经济中发挥着"堡垒"作用。在这种背景下，文化与经济之间产生了许多错综复杂的交互作用。地方文化有助于塑造城市内部经济活动的特点，经济活动也成为特定地点文化生产与创造能力的动力要素。世界许多城市都充分挖掘文化的经济价值，利用多种途径探索文化与其他产业资源的融合方式，以提升城市的文化软实力。如芬兰赫尔辛基围绕"光之力"统筹城市商务活动，大力发展商务会展、观光等文化行业；日本东京积极发掘动漫文化，大力发展动漫创意产业；美国纽约以"百老汇"演出为依托，大力发展文化演艺业。正是在这一国际潮流的影响下，发展现代文化产业，促进文化与其他产业的融合发展，建设富有世界影响力的文化中心城市和与之相匹配的文化产业体系，成为推进我国城市尤其是北上广等一线城市国际化进程、融入国际城市文化体系的重要途径。

进入 21 世纪以来，我国成为世界经济体系中的重要组成部分，成为全球吸引外资最多的国家之一。然而，我国在文化产品和文化服务的对外贸易方面还存在很多不足，其总体增幅较慢，并且存在巨大的文化贸易逆差。这些巨大的文化贸易逆差将使我国在文化产业的市场准入方面承受巨大的压力，因此要从我国文化行业亟须解决的问题入手。调整我国不尽合理的产业结构，必须从文化产业入手，这不仅是文化部门的行为，而且关系到国策的制定、关系到我国综合国力的提升，是社会主义市场经济、文化、社会共同面对的亟须解决的现实问题，也是能否有效地参与国际文化市场竞争，抵抗西方文化产业大国的"文化帝国主义"和"文化霸权主义"入侵的问题。

作为 21 世纪朝阳产业和主导产业的文化产业，无论是艺术业、出版业、影视业、群众文化业、旅游业、广告装饰业、文化娱乐业，还是文化艺术经纪与代理业和诸多文化艺术服务业，无不面临着市场经济大潮的猛烈冲击。经营作为一种观念和方法，是为实现文化组织目标，以文化市场需求为对象，对文化组织内部各种重要的文化经济活动和外部环境寻求动态均衡，进行运筹、谋划的具有综合性职能的科学。因此，要大力挖掘我国文化产业的潜力。目前，文化产业已成为国民经济的重要增长点，但现阶段我国的文化市场还满足不了人民群众的消费需要，缺乏集约化、规模化经营，市场化、产业化水平较低。加之我国文化供应链和产业链不够完善，在汹涌的文化需求大潮中，我国文化产业的有效供应力、实际文化消费吸纳力严重不足，悠久的历史、丰厚的民族文化底蕴，以及富于震撼力的当代文明建设成果尚缺少优秀载体，代表国家文化形象的文化产业国际品牌阵容也未建立起来。

目前，我国的文化市场，主要包括娱乐、音像、书报业、演出、文物、影视、美术、艺术培训、中外文化交流九大门类。市场表现为高速成长的良性态势与一定程度上的混乱现象并存，要从根本上促进文化市场的有序繁荣和健康发展，关键要实行法治，这不仅是市场改革和发展的要求，而且是文化市场自身建设的必然趋势和内在规律。同时，还应大力培育市场、引导市场，大力促进文化市场的社会化、产业化建设。

如今，我国社会经过了多年的改革开放和高速增长，恩格尔系数迅速降低，人们的文化消费需求正迅速增长，已经成为一个有效拉动内需的重要因素。我们有充分的条件顺应历史潮流，抓住历史发展的先机。只要我们按科学规律、经济规律和文化规律办事，有序推进市场取向的文化体制改革，就会进一步推动我国文化产业的创新发展。需要指出的是，文化产业不是孤立的，它是全球经济文化的博弈。在全球经济文化的博弈中要实现跨越式发展，我国就既要走出新工业化的道路，又要走出信息化的道路。

在全球博弈中，国家创新体系主要涉及五方面：一是科学发展观，二是和谐社会观，三是自主创新观，四是全球战略观，五是文化主权观。科学发展观是国家创新之核的基础，和谐社会观是国家创新之核的方向，自主创新观是大国博弈之核的内容，全球战略观是大国博弈之核的规则，文化主权观是国家创新之核的根本。

可见，国家创新体系包括科学基础、和谐机制、创新之本、全球规则，也包括从科学、技术、社会、信息到文化、政治、艺术，从资源、产业到资本、市场的国家知识产权与文化主权、商业领土主权与文化领土主权的创新体系与主权体系。

（二）国家层面

创新已成为引领社会经济发展的第一推动力，但需要指出的是，创新发展在理论层面不同于传统的资本积累或制度建设理论，也不同于传统的人力资本学说，它是将人类才智的创意性发挥视为创新发展的核心生产要素。因此，我们需要适应创新发展的新需求，推进文化与其他产业融合，在以文化为中心进行资源整合和产业配置的过程中，使文化要素推进经济形态向发展更高级、分工更优化、结构更合理的阶段转变。面对国内经济下行压力，推动文化产业的跨界融合发展，逐步完善文化市场的主体地位和文化市场体系，有助于发展和繁荣文化经济。

目前，我国文化消费的实际规模与潜在规模仍存在较大差距，所以大力发展文化产业、释放有效社会需求、促进文化消费，能从根本上提升第三产业在国民经济中的比重，实现社会经济的创新发展。深化文化体制改革，推动文化事业繁荣和文化产业发展，是党中央在科学研判国际国内形势，全面把握当今世界文化发展趋势，深刻分析我国基本国情和战略任务的基础上，作出的一项重大决策，是构建社会主义和谐社会的重要内容，是发展社会主义先进文化、满足人民群众日益增长的精神文化需求的必然要求。

文化体制改革是文化创新的中心环节，也是促进文化艺术长期繁荣的制度保障。我国现行的文化体制是在长期计划经济体制下形成的，改革开放以来，文化领域的改革不断向前推进，促进了文化艺术的繁荣。但从总体上看，现行的文化体制不适应社会主义市场经济的发展，不适应人民群众日益增长的精神文化需求，也不适应文化艺术自身发展的要求。根据社会主义精神文明建设的特点和规律，适应社会主义市场经济发展的要求，大力推进文化体制改革，是发展社会主义文化事业的必然要求。因此，我们要以改革促发展，围绕发展推进改革，用发展的方法解决改革中的问题，用发展的成果检验改革的成效，促进文化事业和文化产业健康、快速发展。

进入新世纪以后，我国迅速制定文化产业发展的方针、政策并渐成体系。

2003年6月底，全国文化体制改革试点工作在各个文化行业、文化领域铺开。

2006年初，中共中央、国务院发布《关于深化文化体制改革的若干意见》，这是加快文化事业和文化产业发展，推动社会主义先进文化建设的指导性文件，对深化文化体制改革作出进一步部署，发出了改革全面推开的信号。

2016年9月，国务院办公厅发布《国务院办公厅关于印发文化体制改革试点中支持文化产业发展和经营性文化事业单位转制为企业的两个规定的通知》，这是文化产业实质性建设的第一步。

2017年，文化部出台《关于推动数字文化产业创新发展的指导意见》，全面推动"互联网+文化"的新业态、新模式、新产业发展。

2019年，国家发改委公布新修订的《产业结构调整指导目录（2019年本）》，其中，最大的亮点是将上一版"教育、文化、卫生、体育服务业"拆分并独立设置为"鼓励类产业"。

以上政策为推动我国文化产业稳步发展提供了有力支持。

（三）城市发展层面

以新的产业形态推动城市转型发展，是我国社会经济发展追求的重要目标。当前，文化产业与其他产业融合催生出的新的产业类型，彰显出新文化、新业态的发展魅力，如商业街区、老字号等在逐渐与文化融合的发展过程中，成为城市发展的重要力量和新的经济增长点。因此，加快城市文化产业与其他产业的融合发展，催生新的经济业态，有助于强化文化产业在整个国民经济发展中所具有的支柱性地位，更有利于改善经济增长方式和发展方式，推动社会经济可持续发展。过去，我们惯用的一句话是："文化搭台，经济唱戏。"各类文化活动只是经济招商的附庸，政府举办的大量文化活动都以政府贴钱而告终。而首届中国上海国际艺术节，通过民间运作，最终带来了经济利益，尤其是靠盘活文化资源，带来了市场效益。此次艺术节的市场化运作带来的启示有两点：

1.要走进市场

按照国际惯例，首届中国上海国际艺术节设置31台正式参演剧目，分别由12家演出经纪机构通过与剧团、剧场的多轮洽谈，按市场规则签订合同，从组织演出到剧目交易，全部都是市场化运作，政府只提供政策保障、进行最后审批。这就完全改变了过去由政府统包的做法，节目更加注重思想性、艺术性与观赏性的统一，演出剧目的出票率高达 90%，这在以往是没有的。

2.要积极培育文化市场

群众文化活动不能只关注舞台的大小，而是要为文艺资源培育要素市场。本届艺术节改变了原来重演出不重交易的做法，首次举办了国际演出交易会、艺术品博览会，其交易情况非常好。随着文化产业的兴起，我国文化待开发的要素市场还有很多，首届中国上海国际艺术节培育市场、以节养节的做法大大深化了艺术节的内涵，把艺术节推向市场，有深远的现实背景。目前，中国每年有数不清的文化节会，甚至已经成为地区经济发展的重要指标，但大多数文化节会都沿袭了政府贴钱的"官办"模式。其实，在海外，艺术节本身即是一种文化产业，节会经济的兴起，刺激城市消费，带动人口就业，辐射周边旅游，已经成为都市经济发展的新的增长点。许多国家级的艺术节都走政府与民间相结合的道路，取得了很好的效果。首届中国上海国际艺术节就与旅游节相交叉，在扩大宣传、吸引观众和游客等方面，都产生了联动效应。正如有些专家所言的，国外的艺术节办了几十年，至今仍在探索，我们刚刚起步，更应当树立这样的观念：艺术节本身也是一门文化产业，值得好好研究。一年一度的艺术节汇集世界优秀艺术，是舞台的盛会；开放各类文化市场，是交易的舞台；迎接各国文化商团，是交流的节日。这一点，从首届中国上海国际艺术节在海内外所引起的轰动上就可见一斑。该届艺术节吸引了万余名观众，接待了中外嘉宾 3 000 多人次，云集了近百家文化商团，达成了 160 项演出意向，为新世纪的中国舞台敲响了热烈、奔放的锣鼓。

总之，中国优秀传统文化作为有着数千年历史的灿烂文化，有着丰富的文化故事素材，也有着深厚的文化思想底蕴，对丰富群众文化活动的内容和形式以及提升群众文化素质等都有着促进作用。有效促进群众文化活动与中国优秀传统文化的结合，能够更好地发挥两者的作用，推进区域社会文化建设的长久发展。

第五章 群众文化活动的高质量发展探索

第一节 群众文化活动的形式与规律

群众是群众文化活动的主体，群众文化活动之所以能对社会产生作用并具有一定的社会地位，与它特有的形式是分不开的，即没有一定的形式，人们就无从利用它来为自己服务。群众文化活动的形式是丰富多样的，为了对它有一个较系统的了解，我们必须对其进行分类归纳。群众文化工作者不仅应当熟悉本地区的群众文化活动的形式，而且应当具有更多的知识，了解更大范围内群众文化活动的形式，以便借鉴、丰富自己所在地区的群众文化活动的形式。我国群众文化活动的形式多种多样，千差万别。自中华人民共和国成立以来，由于经济的发展、社会的进步、人民文化素质的提高，群众文化产生了具有时代特点的新形式。

一、群众文化活动的形式

（一）群众文学创作活动

群众文学创作活动是群众艺术表演的基础，是社会意识形态的表现，是用语言塑造形象以反映社会生活、表达作者思想感情的艺术，是一定的社会生活在人们头脑中的产物。在阶级社会里，文学创作具有阶级性，即作者总是站在一定的阶级立场上认识生活、反映生活。群众文学创作主要有诗歌、曲艺、故事与戏剧四种体裁。群众文学创作的主体是从事物质生产实践的人们，他们通过文学反映的是自己在生产实践或社会生活中的切身体会和审美追求，因而群众文学创作具有浓厚的生活气息、乡土气息与时代气息。

它继承了我国民间文学创作的优良传统，保持着想象丰富、形象鲜明、语言生动和通俗化的艺术特色。

现阶段，我国广大农村群众的文化水平相对较低，我国群众的文学创作大量地表现为口头创作，在某些文化落后的边远地区，口头文学创作是当地群众文学创作的主要形式。群众文学创作由于大量表现为口头创作与口头传承的形式，在传承的过程中被人们不断地丰富与提高，因而它的作者具有群众性。

全国著名的民间文学作品大都不是个人的创作，而是群众性的集体的创作；也不是一时的创作，而是在长期流传过程中逐渐完善的创作。群众文学口头形式的创作是一定社会历史阶段的产物，它不是永恒的。随着文化科学知识的普及和农民文化水平的提高，口头形式的创作必定让位于文字形式的创作。

目前，某些地区的民间口头文学创作呈下降趋势，某些宝贵的文化遗产甚至有失传的可能。与此同时，文字形式的创作却形成了越来越庞大的队伍。因而，群众文化工作者应积极提高广大人民的文化素质，应积极搜集优秀的口头文学创作，以避免口头文学的失传。

（二）群众艺术表演活动

群众艺术表演是以群众艺术创作为基础的极为普遍的文化现象，这种表演因地制宜，并不苛求舞台条件，而且有相当多的项目。由于参加者众多，不可能在小小的舞台上表演，因而对于群众艺术表演来说，在街道上、山坡上、麦场上、平车上、高台上、广场上、树林里、院坝里、堂屋里等均可进行表演。群众艺术表演的内容主要可以划分为以下四种：

1.戏剧表演

戏剧是以语言、动作、舞蹈、音乐、木偶等形式达到叙事目的的舞台表演艺术的总称。戏剧的表演形式多种多样，常见的包括话剧、歌剧、舞剧、音乐剧、木偶戏、皮影戏等。群众戏剧表演活动以地方戏为主。我国的地方戏有着悠久的历史和深厚的群众基础，全国有300多个地方剧种，它们流行于一定地区，各具地方特点。由于地理、交通、语言、习俗的不同，地方戏虽可以互相交流和借鉴，但某一地方戏被移到另一地方以后，往往会演化成另一个新的剧种，否则它就不能在新的地方生根、发芽、开花、结果，所以地方戏的流行受到一定的地域限制。

中华人民共和国成立以后，上海的越剧与河南的梆子曾被引进贵州，但时兴一段时间之后，都逐渐没落了。曾有一个河南的曲剧团流落贵州，在贵阳、黔南的贵定和都匀、黔东南的镇远等地演出，并受到当地政府的大力扶持，但最终还是没有发展起来。这说明，发展群众戏剧活动应重视地方特色。

下面介绍几种我国常见的戏剧：

（1）昆曲

昆曲又称昆腔、昆剧，是一种古老的戏曲剧种。它源于江苏昆山，在明朝中叶后开始盛行，当时的传奇戏多用昆曲演唱。除保持着早期昆曲特色的南昆外，昆曲还在全国形成了许多分脉，如昆弋、湘昆等。昆曲的风格清丽柔婉、抒情细腻，表演载歌载舞、程式严谨，是中国古典戏曲的代表。

（2）京剧

京剧也称皮黄，其音乐素材由"西皮"和"二黄"两种基本腔调组成，也兼唱一些地方小曲调（如柳子戏、吹腔等）和昆曲曲牌。它形成于 1840 年前后，盛行于 20 世纪三四十年代，在当时有"国剧"之称，现在它仍是具有全国影响的大剧种。京剧的行当全面、表演成熟、气势恢宏，是中国戏曲的代表。

（3）晋剧

晋剧又名山西梆子、中路梆子，是山西、陕西交界的山陕梆子发展至山西并结合山西方言的特点而形成的，现流行于山西中部及内蒙古、河北一带。它保持了梆子腔以梆击节的特点，音乐风格在高亢之余，也有柔婉细腻的一面。其表演通俗质朴，著名剧目有《打金枝》《小宴》《卖画劈门》等。

（4）粤剧

粤剧主要流行于广东、东南亚等粤语语言区。它形成于清朝初期，由外地传入的高腔、昆腔、皮黄、梆子等声腔与当地民间音乐结合而成，其音乐为板腔体、曲牌体兼用，代表剧目有《搜书院》《关汉卿》等。

（5）川剧

川剧是四川地方剧种，流行于四川及其周边地区。在戏曲唱腔上，它由昆腔、高腔、胡琴、弹戏四大声腔加四川民间灯戏组成。川剧唱腔高亢激越，表演诙谐幽默，富于生活气息，主要剧目有传统戏《玉簪记》《柳荫记》《活捉王魁》等、新编戏《死水微澜》《变脸》《金子》等。

（6）豫剧

豫剧也称河南梆子、河南高调，因早期演员用本嗓演唱，在起腔与收腔时用假声翻高尾音带"讴"，所以又叫"河南讴"。在豫西山区，人们在演出时多依山平土为台，所以当地称之为"靠山吼"。因为河南省简称"豫"，所以 1949 年后该剧被定名为豫剧，是河南的主要剧种之一。豫剧深受老百姓的喜爱，因而发展非常迅速。关于豫剧的起源，说法不一：一说豫剧是秦腔与蒲州梆子传入河南后，与当地的民歌、小调相结合而成的；一说豫剧是由北曲弦索调直接发展而成的；一说豫剧是河南民间演唱艺术，在中原地区盛行的时尚小令的基础上，吸收弦索等艺术成果发展而成的。

关于豫剧的伴奏乐队，过去曾有"一鼓二锣三弦手，梆子手钹共八口"的说法。

早期的豫剧在乐器上还使用四大扇（大铙、大钹各一对）和尖子号（管长 1 米左右），以此来制造雄壮、热烈的气氛。豫剧的角色行当，按一般的说法是"四生、四旦、四花脸"。"四生"即老生、大红脸（红生）、二红脸（武生）、小生，"四旦"即正旦（青衣）、小旦（花旦、闺门旦）、老旦、帅旦，"四花脸"即黑头（副净）、大花脸、二花脸、三花脸（丑）。豫剧戏班一般由"四生四旦四花脸，四兵四将四丫鬟；八个场面两箱官，外加四个杂役"组成。

此外，关于豫剧的角色行当也有"五生、五旦、五花脸"的说法，有一些演员一专多能，兼演他行。

豫剧的传统剧目有 1 000 多个，其中很大一部分取材于历史小说和演义，如三国戏、包公戏、杨家将戏和岳家将戏，还有一部分涉及婚姻、爱情、伦理道德等。

中华人民共和国成立之后，在豫剧中出现了不少描写现实生活的现代戏和新编历史剧，如《朝阳沟》《小二黑结婚》《人欢马叫》《倒霉大叔的婚事》等，这些剧目使豫剧有了新的发展。

2.曲艺说唱

曲艺说唱是我国历史悠久的口头说唱文学，以带有表演动作的说唱来叙述故事、塑造人物、表达思想感情、反映社会生活。曲艺说唱一般以叙述为主、代言为辅，具有一人多角的特点，多数与民间音乐、各地方言关系密切，在演出时，演员人数较少，通常 1 至 3 人，道具简单，形式多样。

全国有 300 多个曲艺曲种，包括大鼓、弹词、琴书、道情、牌子曲、快板、评话、相声和数来宝等。这些曲种可分为三类：一是有说有唱，如弹词、鼓词等；二是以说为主，如相声、评书、山东快书、金钱板等；三是以唱为主，如河南坠子、山东琴书等。

我国的曲艺是非常丰富的，由于它来自群众，有深厚的群众基础，反映现实生活，深受广大群众的喜爱。

3.音乐舞蹈

音乐舞蹈是极为普遍的群众文艺表演形式之一，全国各地方、各民族，只要有群众存在，就会有音乐舞蹈。在少数民族地区，音乐舞蹈更是盛行，已成为当地群众不可缺少的生活内容之一，甚至有些地方被誉为"歌舞的海洋"，孕育出了众多艺术宝藏。

群众音乐分为声乐与器乐两类。

在声乐方面，大量表现为民歌演唱，有劳动号子、山歌、小调和风俗歌等。我国许多地区的民歌极富特色，贵州侗族大歌（侗歌）就是一种非常有地方特色的民歌。侗族大歌是流行于黔东南黎平县、从江县、榕江县的复调音乐，它采取一领众和、分高低声部合唱的形式演唱，和声完美、气势磅礴，体现了我国民间音乐的多样性。1986 年和1988 年，黔东南的民间侗歌队曾两次到西欧表演，为祖国赢得了荣誉。

在器乐方面，我国古代就制作了金（如钟）、石（如磬）、丝（如琴、瑟）、竹（如箫）、匏（如竽、笙）、土（如埙）、革（如鼗）、木（如柷）等八类乐器，统称为"八音"。我国现代常见的乐器分为弓弦乐、拨弦乐、管乐、击乐四类，包括二胡、高胡、中胡、大胡、板胡、坠琴、马头琴、琵琶、阮、三弦、筝、古琴、柳琴、冬不拉、笛、笙、唢呐、管子、芦笙，以及各种打击乐器等 200 余种。

随着经济的发展，我国人民的生活水平不断提高，西方的钢琴、铜管乐器、木管乐器等已进入寻常家庭。群众舞蹈在我国几千年的历史变迁中表现出强大的生命力，在人类社会的每个阶段与每个角落，都可以找到它的踪迹。之所以这样，是因为舞蹈是以经过提炼、组织和艺术加工的人体动作为主要表现手段的艺术，表达了人们的思想感情，反映了社会生活。

作为社会意识形态的一部分，舞蹈总是鲜明地反映人们不同的思想、信仰、生活理想与审美要求，既是人们娱乐的艺术形式，又具有宣传教育的作用。我国的民间舞蹈品种多样，是劳动人民自我创作、自我表演并具有鲜明民族风俗和地方特色的艺术形式。它产生于人民的劳动与生活，以娱乐和欢庆为主要目的。全国各民族都有自己独具风格的舞蹈。

汉族的绸舞在 2 000 年前已开始流行，现已由单人表演发展为集体舞；藏族的锅庄舞在四川、云南、青海藏族地区广为流传；瑶族和朝鲜族的长鼓舞也各具特色，瑶族的长鼓舞主要由男性击鼓舞蹈，朝鲜族的长鼓舞则多为女子表演，它们均在本民族内广为流传。除此之外，傣族以孔雀为吉祥的象征，其孔雀舞模仿孔雀的形象，舞姿优美；而赫哲族的天鹅舞模仿天鹅飞翔的姿态，边歌边舞；等等。上述这些舞蹈都是具有鲜明的民族特色的群众自娱性舞蹈。

4.群众美术

我国的群众美术源远流长，可以上溯到原始社会，其特点是通过线条、色彩等构成的可视的艺术形象来反映社会生活。

群众美术主要包括绘画、雕塑、工艺美术、建筑艺术等。

绘画在群众美术活动中具有重要地位，它是一门运用点、线、面、体、色彩、光度、构图等基本手段，在画纸、画布、木板、墙壁上表现作者的审美对象和思想感情的艺术。民间绘画培育出了许多伟大的艺术家，我国绘画大师齐白石的初期绘画艺术探索就是在做木工活的空闲时间里进行的。我国群众美术的特点之一是农民绘画活动蓬勃发展并形成了一个画种，例如，在贵州的大方县、黄平县、麻江县，农民参与绘画活动的积极性很高，并取得了不俗的成绩。

雕塑包括雕、塑两种制作方法。它以土、石、木、金为物质材料，其作品具体存在于空间，可以让观众从不同的角度和距离欣赏多面的形态。雕分为石雕、木雕、竹雕等，塑分为泥塑、面塑、瓷塑等。按照体裁与实用性进行划分，雕塑可分为纪念性雕塑、建筑装饰雕塑、园林雕塑等；按照形体进行划分，雕塑可分为头像、半身像、全身像、群像雕塑等。彩塑是我国雕塑艺术的一种重要形式，又称为泥塑。我国著名的彩塑有甘肃敦煌莫高窟的彩塑、江苏无锡的惠山泥人彩塑、天津的"泥人张"彩塑等。

工艺美术泛指人类生活中所有日常用品的制造艺术，主要有陶瓷、染织、装饰美术、金属工艺、民间工艺等。它是实用性与审美性的结合物，是一种古老的艺术品类。贵州的蜡染、豆染、枫香染、挑花、刺绣、编织、银饰、纸扎、剪纸、嵌花等都是工艺美术的优良品种，都极具民族特色。贵州安顺市的农民杨金秀是著名的苗族蜡染画家，曾两次出国表演蜡画技艺，名噪一时。贵州丹寨县蜡染能手王阿勇 1983 年赴美表演蜡染艺术，引起轰动，被誉为"东方艺术家"。贵州民间工艺在以前多为自赏自用，随着商品经济的不断发展，不少艺人将其成品投入市场，不但获得了经济价值，而且在更大范围内满足了人们对工艺美术品的需求。在有些地方，人们还将民间艺术发展成了旅游商品。

建筑之所以成为艺术，是因为其除具有实用功能外，还表现着人的审美意识。建筑的艺术性体现在比较抽象的形式美之中，如表现于立体、平面构图中的线、面、体，及其对比、对称、比例、均衡、呼应、有序变化、节奏、和谐统一、完整性等方面。我国的天安门、故宫、天坛、颐和园、大观园、长城、大雁塔、孔庙、布达拉宫等都是建筑艺术的瑰宝。在少数民族地区，建筑艺术是一个民族的象征，如"侗族鼓楼"就是侗寨的重要标志。

（三）宣传教育活动

宣传教育活动包括两个方面：一是群众为适应自身的需要而进行的宣传教育活动，二是群众文化工作者和其他相关部门组织的群众性宣传教育活动。宣传教育活动可分为口头宣传（讲演、谈话等）、文字宣传（报刊、小册子等）和形象化宣传（电视、电影、展览、舞台表演等）。作为群众文化活动的一个组成部分，宣传教育活动多以形象化宣传的方式进行。群众文化活动本身就包含着爱国主义、集体主义等宣传教育内容，寓教育于娱乐之中，能够潜移默化地达到宣传教育的目的。群众性宣传教育的手段主要有办黑板报，布置宣传栏，举办演讲会、报告会、读书会，播放广播等。这些活动简单易行，较少受物质条件的限制，比较容易为群众所接受。宣传教育活动是群众文化活动中不可忽视的重要内容，群众文化工作者要善于发现群众宣传教育骨干，调动他们的积极性，鼓励他们坚持下去，充分发挥他们的作用。宣传教育活动的主要形式有以下几种：

1.板报

板报泛指黑板报、墙报、生产快报等。它是工厂、农村、机关、学校等基层单位自办的一种小报，简短扼要、通俗易懂、一目了然，是城乡大众化的宣传教育工具。

2.讲座

讲座不拘场地，内容广泛，人数不限。我国有悠久的讲座历史，因而我们应当重视这一宣传教育形式。

3.讲演

讲演是一种口头宣传形式。讲演要有明确的主题，要语言生动、以理服人，要有较强的宣传性。讲演是培养人才、增进知识、陶冶情操、促进精神文明建设的较好形式。在我国社会主义精神文明建设中，许多单位组织不同年龄、不同层次的人们参与讲演活动，收效是十分明显的。

4.展览

展览是通过绘画、雕塑、工艺、摄影作品，以及各种实物的陈列展示，配合文字、口头讲解，对政治、文化、艺术、卫生、科学技术进行宣传教育的较好形式。展览包括综合性展览与专题性展览两种。我国各种展览活动在城乡都较为普及。

5.宣传橱窗

大多数文化馆、艺术馆（站）和不少基层单位都设有各自的宣传橱窗，它是以展出美术作品、摄影作品、画报、图片等宣传资料为主的宣传设备，反映内容广泛而及时，图文并茂，可供不同层次的人们共赏，所以成为群众文化宣传工作的重要手段。

除以上这些形式外，宣传教育活动还有广播播报、电视播放、电影展演、举办读书会、进行知识竞赛等。群众文化工作者在实际工作中要因地制宜，选择群众喜闻乐见的形式，配以恰当的内容，使宣传教育活动起到应有的效果。

（四）科学文化知识普及活动

随着经济的飞速发展，人民群众逐渐认识到科学文化知识对于自身的重要性，这促使他们通过各种渠道学习科学文化知识，从而使我国的科学文化普及活动越来越兴旺，内容越来越广泛。

1.图书借阅

图书馆在我国已大量存在，国家、集体、个人都有兴办。近年来，我国图书事业发展很快，县、区、乡、村四级图书网正在建立。求知者通过借阅图书，自学科学文化知识与技术知识，丰富自己的精神世界，指导自己的社会实践活动。群众文化事业单位应大力办好基层图书馆、图书室，为广大群众提供方便，尤其是在贫困及交通不便的山区，办好图书馆、图书室或借阅点更为重要。

2.报刊阅览

报刊阅览是与图书借阅一样重要的科学文化知识普及途径，甚至比图书借阅具有更大的普及性。人们通过阅览报刊，能够及时了解时事、政策、信息和其他最新知识，从而指导自己的思想与社会实践。开展报刊阅览活动，一是要办好各种报刊阅览室、阅览组、阅览点；二是要促进集体、家庭与个人订阅报刊，特别是个人订阅报刊，它以分散的形式影响着更多的人，因而我们应当给予特别的重视。

3.知识讲座

知识讲座是一种简短而灵活的科学文化普及活动。它的内容广泛，针对性强，每一讲都有明确的主题，能满足学习者的需要，深受广大群众的喜爱。

（五）群众体育活动

群众体育活动是社会文化教育的组成部分，其任务是使广大群众的身体获得正常发育、机能得到充分发展，增进群众健康，增强群众体质，开发智力与体力，陶冶情操，增进团结。基层体育项目有很多，包括全民性体育项目与民族性体育项目两类，其中全民性体育项目有球类项目、棋类项目、田径、游泳、体操、拔河、跳绳、登山、武术、踢毽子、划船、滑雪等，民族性体育项目有摔跤、赛马、射箭、角力、扭扁担、划龙舟等。我国的群众体育活动历史悠久，中华人民共和国成立以后，党和国家高度重视群众体育活动，使得群众体育事业迅速发展。这种发展主要表现在三个方面：一是群众体育设施不断完善和增加；二是县级以上政府一般都设有体育委员会，在乡镇，一般都由文化站或政府直接负责管理和组织群众体育活动；三是群众体育比赛频繁举行，规模大小不等。

（六）群众游艺活动

游艺是利用一定物质，通过人的力量和智慧而取胜的活动。这是一种具有群众性、知识性、自娱性的活动。游艺与游戏有着密切的联系和相似之处，但也存在着差别，其差别主要表现为：游戏是体育活动的重要手段之一，而游艺有些属于体育活动，有些却不属于体育活动，如射虎（猜灯谜）游艺就不属于体育活动；游艺的种类甚多，范围很广，它兼有文艺、体育的性质，但不同于纯粹的文艺和体育，也不同于一般的游戏。

游艺大致可分为智力性游艺和娱乐性游艺，并且它们都有固定的规则。游艺能锻炼人的思维能力和反应速度，能使人在劳动之后得到积极的休息。游艺活动历史久远，中国古代"六艺"中的"乐""射""御""书"，都有相当程度的自娱性，如"乐"指音乐，包括吹、拉、弹、唱、演，"射"指射箭，至今仍为竞技活动。

在现今的群众游艺活动中，一方面，由于商品经济的发展和科学技术的进步，出现了由现代化的电、光、声和机械控制的游艺器材，如电子游艺机，这是一种在科学技术基础上产生的游艺，是很有生命力的，但由于价格较贵，不易在基层普及；另一方面，民族、民间的传统游艺仍然是群众游艺的主流，如民族大型游艺会上的赛马、叼羊，围观者数以万计。总之，一切健康的游艺活动都是值得提倡的，但各地要根据实际情况开展群众游艺活动。

二、群众文化活动的特征

群众文化活动具有鲜明的特征，能提高人民群众的道德修养，满足人民群众的精神文化需求，促进人民群众的身心健康，在中国特色社会主义文化建设中发挥着不可替代的作用。

（一）活动的广泛性

群众文化活动的形式广泛而丰富，深受广大人民群众的喜爱，对人民群众有着极强的影响力。

1.参与者的广泛性

一是科学技术的发展，让更多的人民群众从繁重的体力劳动中解放出来。同时，随着物质生活的丰富，人们的闲暇时间增多，让更多的人民群众有机会参与到群众文化活动中来。

二是人民群众的文化素质不断提高，有更强的意愿去参加娱乐性强、能强身健体的活动。

三是有一批热心于群众文化活动而又有特长的爱好者和热心人，带动了更多人参与群众文化活动。

2.参与形式的广泛性

物质文化的繁荣让人民群众有了更多的精神需求，人们已不满足于在家里看电视、上网，而是渴望参与群体活动，渴望沟通和交流。同时，随着收入的增加，人们更愿意在经济上有所投入，开展有益身心健康的活动、充实生活，以得到精神上的慰藉，这让人民群众参与群众文化的形式更加广泛。此外，在某些地方，一些不良习气如赌博、酗酒等有所蔓延，严重影响了社会主义精神文明建设。因而，人民群众需要更健康、文明的娱乐方式。

3.涉及方面的广泛性

群众文化活动的广泛性不仅在于它存在的范围广，而且在于它所涉及的方面广，包括经济活动、政治活动、教育活动、宗教活动、军事活动、科学研究活动和人们的情感活动等，涉及社会活动的各个方面。群众文化活动的这种广泛性，决定着它的内容与形式的多样性，也决定着它的开展方式的多样性。

（二）审美的独特性

随着我国经济结构的转型，文化日趋多元化，娱乐文化的发展使群众文化的社会地位和功能日趋模糊。一些群众文化活动为适应市场经济的需要，一味地向娱乐文化看齐，致使群众文化处于"四不像"的尴尬境地。事实上，群众文化不可能被娱乐文化所取代，因为它有着特殊的社会地位和社会功能，群众文化活动也正因为如此，才有了赖以生存的土壤。

群众文化活动是人民群众表达喜怒哀乐的重要手段，它产生于人们的劳动生产过程中。正是因为人民群众的主动参与，群众文化活动才能帮助人们实现自我教育、陶冶情操，获得健康的审美感受，进而在健康的审美感受中形成高尚的审美趣味。人民群众的审美趣味直接影响着群众文化活动的社会地位，同时使得群众文化活动具备娱乐审美、宣传教育、文化传承、生活实用的功能。

（三）目的的功利性

群众文化活动的目的具有功利性。所谓功利，是指功效和利益。群众文化活动目的的功利性，就是指主体期望通过文化活动获取有一定功效和利益的结果。纵观群众文化活动的发展史，所有群众文化活动无不与该民族或该地区的历史发展和现实生活密切相关，无不与政治、哲学、宗教、法律、道德等社会意识相关，因而无一例外地带有一种极为明确的功利性。而人民群众进行文化活动，也都带着消遣娱乐、提高文化素养、陶冶情操等目的。因此，从某种意义上来说，群众文化活动的这种功利目的具有一定的意义，人们通常是从精神需求出发去开展群众文化活动。需要指出的是，群众文化活动目的的功利性与传统的功利主义不同，人们不以结果作为评价群众文化活动的唯一标准。相反，应将个人需求与社会需求相结合，将社会效益作为开展群众文化活动的准则，这样才符合群众文化活动的功利性特点。

三、群众文化活动的原则

群众文化活动要以满足最广大人民群众的文化需求为出发点，将重点放在基层和农村。开展群众文化活动，应遵循的原则具体包括以下几个方面：

（一）大型活动与小型活动相结合

随着社会的发展，人们不仅仅在节假日需要相应的文化活动，在日常生活中也需要丰富多彩的文化活动。因此，安排文化活动要将大型活动与小型活动相结合。大型文化活动可根据我国的传统文化、各地风俗来安排，例如，在春节组织大型的社火比赛，在端午节组织赛龙舟，在重阳节组织登山旅游等；小型文化活动则可根据本地特色和人们的爱好来安排，例如，可结合本地的体育传统，安排太极拳表演、象棋比赛、抖空竹比赛、书画展览等。这些都能让文化生活成为人们生活的重要组成部分。

（二）立足于民族传统

群众文化活动以满足群众文化需求为目的，因此开展群众文化活动要以弘扬民族传统文化为主，尤其是当参与群众文化活动的群众以中老年人为主时，更应展示民族传统文化的魅力。同时，在开展群众文化活动时，要尽可能地立足于民族传统文化，以人们喜闻乐见的方式，调动人们的积极性。例如，各地可组织由戏曲爱好者组成的"戏迷协会"，让参与活动的人们定期聚会、共同参与、自娱自乐；或者组织书画爱好者共同切磋技艺，进行书画作品展览，让人们从中获得文化生活带来的快乐。

（三）文化活动要丰富多样

人们对文化生活的要求丰富多样，有人偏爱"武"，对健美操、集体舞、腰鼓表演、打陀螺等文娱活动感兴趣；有人偏爱"文"，对书画、棋类感兴趣；还有人偏爱音乐，喜欢演奏乐器、欣赏音乐、参与戏曲表演等。因此，开展群众文化活动一定要丰富多样，满足不同人群、不同爱好者的需求，让所有人都能找到自己喜欢的文化活动，能与趣味相投的人组成某种文化团体，进而对当地的文化活动起到促进作用。

总之，群众文化活动是社会文化生活的重要组成部分，是社会发展、进步的重要标志。各地在组织、安排群众文化活动时，要切实以人们的需求为目的，根据本地的文化资源、文化现状，组织一些群众喜闻乐见的、参与度高的、能长久发展的文化活动，以促进群众文化活动的蓬勃发展。

四、群众文化活动的规律

随着社会的发展和人类文明的进步，群众文化活动由自发到自觉、由简单到复杂、由低级到高级的发展过程，有其自身发展的规律。掌握群众文化活动的基本规律，有利于克服工作中的盲目性，增强工作的科学性，使群众文化活动沿着正确的轨道健康地发展。群众文化活动的基本规律主要有以下三点：

（一）群众文化活动的自愿性

群众文化活动的自愿性是由群众对文化生活的需求决定的，文化活动的实践证明，凡是需要群众参加的活动，如果没有群众的自觉性和自愿性，就会流于形式。相反，那些人民群众自愿参与的群众文化活动都会取得良好的效果。例如，在我国传统节日举办的群众文化活动，人们都乐于参与其中，其根本原因就在于这些群众文化活动能满足人们在劳动之余的娱乐需求。

当然，由于年龄、性别、民族、经历、文化程度、性格爱好等存在差异，人们对文化生活的需求各不相同。当人们选择了自己感兴趣的群众文化活动后，就会有自愿参与的热情。例如，青年人喜欢跳舞，就会在闲暇之余寻找跳舞的机会，满足自己的需求。当这种正当的需求得不到满足时，人们的热情就会受挫，他们就会转向别的群众文化活动。相反，对那些不喜欢跳舞的人来说，要求他们参与跳舞活动，他们不但得不到精神上的享受，还可能会产生心理压力。因此，开展群众文化活动，要尊重群众的意愿。

（二）群众文化活动与生产力发展水平相适应

经济基础决定上层建筑，群众文化活动作为上层建筑的一部分，从总体上看，它们的发展必然与生产力发展水平相适应、与群众的生活水平相适应。如果群众文化活动超越了生产力发展水平，就会脱离群众，损害群众的利益；反之，群众对文化生活的正当需求就得不到满足。缺乏健康的群众文化活动，不仅会直接影响群众的生产生活，而且会直接影响社会主义精神文明建设。

随着经济的发展，各种文化活动日益丰富，如电视机的普及，让人们欣赏到了国内外的优秀节目，开阔了视野，陶冶了情操。但在有的地方，群众文化活动不受重视，群众无处活动，这给社会带来了不稳定因素。"衣食足，娱乐兴。"当人们还在为温饱发愁的时候，对文化生活的需求，无论是在质量上，还是数量上，都十分有限，群众文化活动也较贫乏。在经济较发达的地区，人们的文体活动较活跃，活动形式也多种多样。因此，开展群众文化活动要遵循与生产力发展水平相适应的规律，根据生产力的发展水平，开展适合群众实际需求的文化活动，以提高人们的生活质量。

（三）群众文化活动的多样性

群众文化活动的多样性，是由群众文化主体的全民性及群众审美趣味的多样性决定的。群众文化活动从内容到形式从来就不是固定不变的，它们通常是从比较单一到丰富多彩的，就某一活动来说，通常是从比较简单到不断丰富发展的。群众文化活动如果没有多样性，也就没有了生命力。

纵观社会发展历程，群众文化活动由最初的音乐、舞蹈发展到之后的文学、美术、曲艺等形式，其内容在不断丰富，因而具有强大的生命力。例如，舞龙、舞狮等传统民族娱乐形式之所以经久不衰，正是因为其内容和形式在不断更新，能唤起人们的热情。

现如今，群众文化活动已从简单的击鼓传花、丢沙包等发展到电子游戏、智力游戏等，群众文化活动越来越丰富。因此，在开展群众文化活动时，应根据时代的变化，不断探索群众文化活动的新内容、新形式，从而推动群众文化活动向更加丰富多彩的方向发展。

综上所述，群众文化活动与广大人民群众的基本文化需求息息相关，是满足群众文化需求的主要手段，是基层文化的主体内容，是发挥基层文化阵地功能的载体，是向广大人民群众提供公共文化服务的主要渠道。因此，如何开展群众文化活动，是摆在每个文化工作者面前的重要任务。

第二节 我国群众文化的时代价值

群众文化活动是人民群众参与文化、享受文化的重要方式，是满足新时代人民群众美好生活需要的文化载体。在新时代，广泛、深入开展群众文化活动，具有以下几

个重要意义:

一、有助于弘扬社会主义核心价值观，凝聚中华民族的奋斗精神

群众文化活动是广大人民群众喜闻乐见的文化形式，是弘扬社会主义核心价值观、建设各族人民共同精神家园的文化载体。在我国城乡蓬勃开展的群众文化活动，以群众喜闻乐见的文艺形式，深入浅出地讲解社会主义核心价值观，引导群众深刻理解社会主义核心价值观的价值目标、价值取向、价值准则，激发了广大人民群众的自强意识和奋斗精神，有助于建设中华民族共同的精神家园，增强中华民族的向心力和凝聚力，不断提升国家的文化软实力。

在庆祝中国共产党成立 100 周年等重要活动期间，全国各地纷纷组织开展了形式多样的主题性群众文化活动，以文艺的形式，宣传了中国共产党为争取民族独立和人民解放、实现中华民族伟大复兴而不懈奋斗的百年光辉历程，积极传播了革命文化和社会主义先进文化，巩固了全国各族人民团结奋斗的共同思想基础。

弘扬社会主义核心价值观，凝聚中华民族奋斗精神，在全面建设社会主义现代化国家新征程、实现中华民族伟大复兴的道路上，展现文化的凝聚力，展示文化的软实力，是群众文化活动的时代价值所在。

二、有助于传承优秀传统文化，坚定文化自信

中华优秀传统文化是中华民族的精神血脉。群众文化活动的时代价值还在于传承我国优秀的传统文化，坚定文化自信，围绕举旗帜、聚民心、育新人、兴文化、展形象的使命任务，在满足人民群众精神文化需求的同时，增强人民群众的精神力量，推进社会主义文化强国建设，向世界展示中华文化的博大精深和蓬勃生命力，展示我国的文化软实力。

中华优秀传统文化是五千年中华文明生生不息的思想沃土和精神根脉，我国源远流长的优秀传统文化是人民群众实现文化自觉和文化自信的精神基础。树立中国特色社会

主义文化自信，建设社会主义文化强国，必须深入了解中华优秀传统文化，弘扬和传承中华优秀传统文化，推动中华优秀传统文化在新时代创造性转化、创新性发展和繁荣发展。

传统节日文化活动是中华传统文化的有机组成部分，是中华民族弥足珍贵的历史文化遗产。在传统节日开展丰富多彩、具有民族特色和地域特点的群众文化活动，展示我国优秀传统文化恒久的生命力，让广大群众参与其中，感受优秀传统文化的独特魅力，有助于弘扬中华民族历史悠久的优秀文化，强化中华民族的向心力，增强中国人民的历史使命感和文化自信心。

三、有助于推进乡村社会治理，实现乡村振兴

乡村文化振兴是乡村振兴的重要组成部分，是推进乡村社会治理的有效抓手。在乡村社会治理中，可通过组织开展群众文化活动，丰富农民群众的精神文化生活，发挥文化的价值引领作用，助推乡村全面振兴。

必须充分发挥农民在乡村文化建设中的主体作用，通过广泛开展"乡村春晚"等深受农民喜爱的群众文化活动，宣传党和国家的方针政策，宣传身边的最美人物，宣传乡村的传统美德和社会公德，弘扬社会主义核心价值观，宣传法律法规和村规民约，形成知荣辱、讲正气、自觉履行法定义务及社会责任、家庭责任的乡风，促进乡风文明建设，振奋农民群众的精气神，激发农民群众参与乡村社会建设的自觉性，使其积极参与乡村振兴的伟大实践。

在乡村治理方面，群众文化活动以艺术的感染力、文化的感召力，拓展乡村群众的公共文化生活空间，增进乡村群众间的交往、沟通，密切乡村干部与群众之间的关系，是社会转型期加强和创新乡村治理的重要方式。

四、有助于解决社会主要矛盾，满足人民群众美好生活需要

党的十九大报告指出："中国特色社会主义进入新时代，我国社会主要矛盾已经转化为人民日益增长的美好生活需要和不平衡不充分的发展之间的矛盾。"人民日益增长的美好生活需要，不仅包括物质方面和安全方面的需要，而且包括精神文化方面的需要。

当前，我国城乡开展的群众文化活动，在一定程度上回应了群众在精神文化方面的需要。例如，一些城市举办的"市民文化节""外来青工文体节"等参与者众多、覆盖面广的群众文化活动，为人们展示自身才艺和积极向上的精神风貌提供了广阔的文化舞台。每年春节期间，各地开展的"乡村春晚"活动，既是展示乡村群众文化智慧和艺术才华的舞台，又是其乐融融的乡村社交空间，成为春节期间乡村群众的文化盛事。

此外，各地文化馆纷纷借助迅速发展的互联网，组织开展线上与线下相结合的群众文化活动。在城市和乡村开展的群众文化活动，特别是线上与线下相结合的群众文化活动，拓宽了城乡群众参与文化活动的途径，丰富了群众的精神文化生活，提升了群众的文化获得感，体现了群众文化活动的时代价值。

第三节 群众文化活动的高质量发展机制

新时代，我国群众文化活动必须坚持以人民为中心的服务理念，把握开启新征程、开创新局面的主基调，聚焦建成社会主义文化强国的主目标，掌握维护意识形态安全的主导权，唱响主旋律，提倡多样化，围绕群众文化活动高质量发展这个主题，不断丰富人民群众的精神文化生活，汇聚全面建设社会主义现代化国家的强大文化力量。

一、建立和完善与群众文化活动高质量发展相适应的需求反馈机制

需求反馈机制是指在群众文化活动供给方与公众之间，建立一个双向互动的信息流动和反馈系统，用以获取和传播群众文化活动的需求信息，实现群众文化活动与公众需求的有效对接。

（一）建立和完善文化需求表达机制

各级文化馆必须树立服务理念，建立群众文化需求表达机制。

一是要拓宽反馈途径，通过在文化馆网站设立电子邮箱、开通留言反馈功能等方式，使群众的文化需求能够便捷、高效地传递。

二是要调动社会组织，特别是文化类社会组织、群众文化社团的积极性，通过固定的、便捷的信息渠道，反映群众的文化心声，表达他们的文化诉求。文化馆要对群众反馈的文化需求信息及时作出回应，以形成文化需求表达的良性互动。

（二）建立和完善文化活动点单机制和订单机制

公共文化服务必须保障群众的知情权，推出"点单式"服务、"订单式"服务。"点单式"服务是让基层群众从文化馆等政府文化服务机构提供的服务菜单中，自主选择文化活动的形式和内容；"订单式"服务则是文化馆根据基层群众的文化需求开展精准化的文化服务活动。文化活动的点单机制和订单机制，有利于实现群众文化活动与公众文化需求的精准对接，提高人民群众的文化获得感和满意度。

（三）建立和完善文化需求调研机制

各级文化馆要通过开展基层调研、召开座谈会、进行网络调查等多种形式，了解新时代群众个性化、多样化的文化需求；要善于发现问题，了解群众的文化新期待；要以需求为导向，不断对群众文化活动进行创新、升级，形成深受群众喜爱的文化活动品牌。

（四）建立和完善文化需求研究机制

各级文化馆要及时收集信息、定期分析信息，通过对群众的文化需求进行分析、研究，掌握群众文化需求的新动向，优化文化资源配置；要对群众的反馈信息进行及时、有效和公平的处理，既要关注基层群众共性的需求，又要研究解决不同群体多样化的文化需求。

二、建立和完善与群众文化活动高质量发展相适应的社会参与机制

群众文化服务社会化是时代发展的必然趋势，也是各级文化馆面临的崭新课题。文化馆在充分发挥群众文化服务主体作用的同时，要引导社会力量参与群众文化服务，为人民群众提供多样化、高质量的文化活动。

（一）建立和完善文化活动项目采购机制

推动群众文化服务社会化参与，必须在群众文化服务领域建立政府向社会力量购买群众文化服务的机制，鼓励和引导社会力量参与群众文化服务，调动各种市场主体、文化类社会组织的积极性，实现群众文化活动供给主体、供给方式的多元化。

（二）建立和完善社会主体文化参与机制

要进一步深化政府主导、社会参与、群众受益的文化活动组织机制，由文化馆等政府文化部门搭建文化节等活动平台，培育和鼓励各类社会主体参与，不断探索群众文化活动社会化参与、项目化运作、品牌化发展的新路径。要探索群众文化活动的社会力量举办申报机制，完善多元主体参与群众文化服务的机制，促进群众文化活动举办主体和活动方式的多元化。

（三）建立和完善文化志愿服务参与机制

各级文化馆要建立文化志愿者培训机制、管理机制、激励表彰机制、服务保障机制、服务活动参与机制，发挥文化志愿组织的积极性和创造性，不断优化文化资源配置，优化文化服务供给，策划开展主题鲜明、富有特色、群众喜闻乐见的文化志愿服务活动。

（四）建立和完善各类媒体平台的参与机制

要想提高群众文化活动的覆盖面，各级文化馆既要重视与报纸、电视等传统媒体的合作，又要重视与新媒体平台的合作，要探索群众文化活动的媒体平台合作参与机制，尤其是要探索与新媒体平台的合作机制，以扩大群众文化活动的社会影响力。

三、建立和完善与群众文化活动高质量发展相适应的管理协调机制

实现群众文化活动高质量发展，应该建立和完善群众文化活动管理协调机制，扩大群众文化活动的社会影响力。

（一）建立和完善群众文化活动高质量发展的管理机制

要建立有利于群众文化活动高质量发展的考核评价机制，以鼓励文化服务创新、提高群众文化服务效能为导向，激发专业人员的文化创造力，策划开展具有时代性、创新性的群众文化活动。要加强群众文化活动的过程管理，完善群众文化活动的安全管理机制。

（二）建立和完善群众文化活动高质量发展的协调机制

1.建立和完善重大主题性群众文化活动的全国联动协调机制

要建立和完善重大主题性群众文化活动的全国联动协调机制，加强统筹协调，整合行业力量，明确职能分工，优化实施流程，扩大社会影响。例如，围绕开局"十四五"、开启新征程等主题，在中国共产党成立 100 周年前夕，策划、组织全国性的群众文化活动，展示党的百年光辉历程，讴歌在党的领导下中华民族从站起来、富起来到强起来的历史征程。

2.建立和完善"乡村春晚"、全民广场舞活动、群众歌咏活动的全国联动协调机制

要在全国范围内建立和完善"乡村春晚"、全民广场舞、群众歌咏活动等群众文化活动的联动协调机制。完善全国性群众文化活动领导、组织、执行、评估、激励等方面的机制，实现群众文化体系内组织的高效运作，确保群众性文化活动全国"一盘棋"，突出主题，协调各方，充分展示我国群众文化的蓬勃活力。

四、建立和完善与群众文化活动高质量发展相适应的文化共享机制

当前，在推进群众文化活动开放共享的过程中，文化馆要建立和完善与互联网时代群众文化活动高质量发展相适应的文化共享机制。这就需要建立和完善优秀群众文化活动直播联动机制，利用国家公共文化云和省、市文化馆的数字服务平台，遴选和整合各地的优秀群众文化活动直播资源，构建运行通畅、合作共享的直播体系。既要构建纵向的直播组织体系，又要构建各省、市文化馆之间的直播联盟，以实现优势互补、资源互通，发挥各地文化馆的传播优势，促进各地群众文化活动网络共享。

五、建立和完善与群众文化活动高质量发展相适应的激励机制与推广机制

要建立和完善群众文化活动激励推广机制，推动各地群众文化活动的项目化运行、品牌化发展，催生一批群众文化活动品牌，推动群众文化活动创新发展。

（一）建立和完善与群众文化活动高质量发展相适应的激励机制

广泛、深入开展群众文化活动，不断满足人民群众多样化、品质化的需求，必须提升群众文化服务水平，大力建设群众文化活动品牌。

一方面，要建立优秀群众文化活动品牌表彰机制。遴选和表彰一批具有时代特征、地域特色的群众文化活动品牌，以便在系统内起到典型示范和品牌引领作用，在社会上扩大群众文化活动的知名度。

另一方面，要建立文化和旅游志愿服务项目大赛机制。各级文化和旅游志愿服务项目大赛，既是交流各地文化志愿服务建设最新成果的平台，又是引领文化志愿服务创新发展的引擎。可通过项目大赛，孵化出一批文化志愿服务活动品牌。

（二）建立和完善与群众文化活动高质量发展相适应的推广机制

建立和完善群众文化活动品牌推广机制，是推动群众文化活动高质量发展的有效措施。

第一，建立年会推广机制。发布全国群众文化活动年度十佳，分享群众文化活动品牌的典型经验，结合业内专家的点评和主旨演讲，加深文化行业对群众文化活动品牌的深刻理解，指导各地群众文化活动品牌的建设实践。

第二，建立现场会推广机制。遴选具有创新性、引领性的群众文化活动品牌，以现场宣讲会的形式，进行创新经验推广，使与会者切身感受当地群众文化活动的具体做法与典型经验。

第三，利用出版物进行推广。总结、提炼群众文化活动品牌特色与创新亮点，编写、出版收录群众文化活动品牌案例的图书、期刊等，推广群众文化活动品牌的创新实践和鲜活经验。

第四，建立和完善线上与线下相结合的推广机制。这样有助于拓展群众文化活动的辐射范围，降低群众文化服务成本，提高群众文化服务效能。

总之，各级文化馆要建立和完善群众文化活动品牌推广机制，根据自身的文化资源和文化优势策划开展有特色、有创意的群众文化活动，推动群众文化活动在新时代的蓬勃发展。

第四节 群众文化活动的创新发展理念与实践

群众文化活动是公共文化服务体系的重要组成部分，是满足人民美好生活需要、激发全民族创新创造活力的重要载体。群众文化活动丰富多彩、形式多样，涵盖了各类文化艺术形式，包括音乐、舞蹈、戏剧、曲艺、书法、美术、摄影和文学等，也覆盖了各类人群，可分为社区文化活动、乡村文化活动、校园文化活动、企业文化活动和网络文化活动等。

群众文化活动深度融入了每个人的精神文化生活和不同的人生发展阶段，关系到全民艺术普及和人的全面发展，因此被写入了我国的根本大法——《中华人民共和国宪法》。《中华人民共和国宪法》第一章"总纲"第二十二条明确规定："国家发展为人民服务、为社会主义服务的文学艺术事业、新闻广播电视事业、出版发行事业、图书馆博物馆文化馆和其他文化事业，开展群众性的文化活动。"群众文化活动的重要地位和重要作用由此可见一斑。

立足新的发展阶段，在新发展理念中，创新是第一位的。创新是时代的主题，是推动事业发展的不竭动力，推动群众文化活动创新发展是全体群众文化工作者的责任。

一、群众文化活动理念的创新

现阶段，我国基层群众文化活动正面临不断增长的创新发展需求，但受传统思维模式的影响，在创新发展方面存在诸多制约。对此，需要广大群众文化工作者突破传统定式思维，不断创新发展理念，结合地区特色和群众需求，扩大群众文化活动的深度和广度，从而引导群众文化活动走向繁荣，为构建社会主义和谐社会奠定良好的基础。

（一）群众文化活动理念创新的重要性

1.理念创新是群众文化活动的灵魂

先进理念是群众文化活动创新的动力和源泉，也是一个国家和民族智慧的体现。开展具有多样性的群众文化活动，是提高群众文化素养、实现文化强国目标的重要措施。理念创新是群众文化活动的灵魂，创新群众文化活动理念能够为活动实施提供正确指导，可为实现中华民族伟大复兴奠定良好的基础。

2.理念创新是保持文化先进性的要求

先进理念是群众文化活动面向现代化、面向世界的重要支撑。同时，先进理念也是基于先进文化发展而来的，能够引导社会不断进步，使群众文化活动更好地顺应时代发展的需求。以先进理念为主导开展的群众文化活动，主要以先进文化的优秀成果为核心，在汲取传统文化优势的同时赋予其时代特征，从而创造出反映社会发展规律、适应新时期社会生活的新文化，有利于增强群众文化活动的生命力和吸引力，使参与活动的广大群众深入了解新文化，在保持群众文化活动先进性的同时促进社会不断进步。

3.理念创新是社会主义现代化建设的保证

社会主义现代化建设需要以社会主义精神文明建设为基础，需要将文化发展放在与政治发展、经济发展同等重要的地位。群众文化活动作为社会主义精神文明建设的重要组成部分，在更新群众价值观念、规范群众思想行为、丰富群众精神世界等方面，发挥重要作用。这就需要不断创新群众文化活动理念，在弘扬主旋律、宣传优秀传统文化的同时，坚决抵制腐朽文化，不断改造落后文化，积极推进文化创新，提倡群众文化活动形式和内容的多样性，如此才能够稳稳地占据思想文化的主要阵地，为社会主义现代化建设奠定良好的基础。

4.理念创新是全球文化竞争的基础

文化是一个国家和民族的软实力。在新形势下，各个国家面临的市场竞争压力与日俱增，文化已经成为强化国家竞争优势的主要内容。一个国家如果失去文化优势，就意味着失去了文化竞争能力，长此以往，可能会导致国家逐渐丧失政治影响力。物质基础不断丰富，社会环境日新月异，使得各种新文化应运而生，为我国群众文化活动创新改革奠定了良好的基础。为了积极推进新文化，增强国家文化优势，就要求广大群众文化工作者转变传统思维，更新发展理念，将新文化融入群众文化活动中，以此促进群众文化活动的可持续发展。

（二）群众文化活动理念创新的具体方式

1.树立群众文化活动线上服务理念

在新形势下，网络技术逐渐普及，群众文化活动应创新服务理念，树立线上服务理念，通过提供线上预约等服务，为广大群众提供便利。该服务理念的优势在于以下几点：

第一，能够突破时间、空间的界限，使群众在足不出户的情况下，了解群众文化活动的内容、形式、时间，以及场馆地址等信息。另外，网上预约服务还能够突出公平性、透明性特点，所有群众都能够通过网站报名。

第二，便捷性优势。线上操作步骤简单，不仅能够节省群众的时间、精力，而且能为群众文化工作者的管理提供便利，有利于提高工作效率，节约人力成本。

第三，线上预约服务能够直观地体现群众文化活动的受欢迎程度，有利于群众文化工作者有针对性地调整活动，充分满足群众的多样化需求。

当前，我国部分文化馆已经开通了线上预约业务，其功能可以概括为以下内容：

（1）项目分类功能

线上服务能够将文化馆举办的各种群众文化活动搬上网络，并基于群众文化活动推出各种免费服务项目，如辅导项目、培训项目等，还可以结合群众文化主题对活动类型进行分类，便于群众结合兴趣爱好、自身需求搜索和参与。

该功能的主要特点如下：

第一，基层化特点。通过构建信息化体系，面向基层群众整合群众文化活动项目，并形成系统化服务菜单，为广大基层群众报名、预约提供便利。

第二，菜单化特点。信息化系统在服务基层群众时，将菜单式服务贯穿于活动的前、中、后全过程，有利于提高服务效率，同时提高群众的满意度和认可度。

第三，定制化特点。群众文化活动可以针对地方特色、群众需求开展定制化服务，如针对各类节日开展有针对性的群众文化活动。

（2）推广新型群众文化活动

产品信息化系统可以通过引入团购或采取优惠措施等方式，上架新型群众文化活动资源包，引导群众积极报名。另外，文化馆网络平台还可以借鉴其他商业平台的成功经验，创新产品推广方式和方法，如通过现实体验、评价有礼等推广模式，使更多群众了解新型群众文化活动，以此来激发其参与的积极性。

（3）发挥平台"多元化"优势

线上预约应充分发挥互联网的优势，不断完善信息化平台，加大宣传推广力度。具体来说，可以将群众文化活动展览咨询、赛事信息等内容进行汇总，并利用各种新媒体平台进行推送，以此来扩大宣传范围。文化馆网络平台也可以与新兴优质平台合作，在充分利用自身资源优势的同时，将群众文化活动产品打包推送给更多群众。

（4）探索多渠道合作途径

为了进一步提高线上服务水平，文化馆可以加强自身与其他机构的合作，引导更多社会力量参与到群众文化活动创新和推广中，尤其要注重与商业性机构的合作，创新文化消费形式，丰富文化产品类型。同时，文化馆还可以与少年宫、文化宫、科技馆等机构合作，不断创新群众文化活动形式，使多个机构形成合力，通过资源整合提高资源利用率，一方面满足群众的多样化需求，另一方面使各机构之间形成良性的竞争氛围。

2.树立"双业"发展理念

随着社会主义市场经济的发展，文化作为一项新兴产业不仅被人们所接受，更由于其具有的社会效益和经济效益显示出的强大生命力而吸引了大批社会投资者。群众文化工作者要将开展好群众文化活动作为一项事业来抓，扎扎实实开展好群众文化工作，为提升人们的精神文化生活水平作出应有的贡献。

群众文化工作者要树立"双业"（事业和产业）思想理念，抓住机遇，促进文化行业的可持续发展。也就是说，群众文化工作者要进行理念创新，在推进群众文化事业发展的同时，积极推进群众文化产业化发展，树立产业意识，不要刻意地将事业与产业置于矛盾的境地，而是要将事业与产业置于和谐发展的位置，抓住发展机遇，使两者相互交融，相互促进，实现群众文化事业与产业的双赢。

3.树立"多元化"发展理念

当前，政府对群众文化活动开展给予了大力支持，给群众文化活动的开展带来了极大的机遇。群众文化工作者要抓住发展机遇，树立长远发展规划，不断提升群众文化硬件建设的水平，为群众文化活动的开展提供物质保障；还要树立"多元化"发展理念，突破单一依赖政府支持的发展思路，充分借助各类社会力量，不断挖掘群众文化活动的资源。

4.树立与时俱进的群众文化活动理念

当前，虽然我国群众文化活动发展规模逐渐扩大，但仍有部分群众存在错误认识，认为群众文化活动就是"拉野台子唱大戏"，这使得一些群众缺乏参与的积极性并轻视新型群众文化活动，不利于提高群众的文化素养。

近年来，各地区在建设社会主义文化强国理念的引导下，已经深刻认识到了群众文化活动创新的重要性，并将其上升到重点工作层面。各地区从构建长效机制角度出发，对传统群众文化活动进行重新审视和定位，并结合地区群众的实际需求，树立与时俱进的群众文化理念，致力于加深群众文化活动的深度、延伸群众文化活动的广度，从而增强了群众文化活动的活力，加快了社会主义和谐社会的建设速度，为建设社会主义文化强国奠定了基础。

5.树立打造特色群众文化活动的理念

群众文化活动不仅能够提高群众的文化素养，而且能够带动区域经济迅速发展。众所周知，群众文化活动是基于地区特色发展而来的，所以理念创新也要围绕区域实际情况进行。近年来，越来越多的优秀群众文化作品应运而生，它们均突出了地方特色和优势，并在全国各地广为流传。所以，群众文化活动工作者要始终坚持这一发展方向，树立打造特色群众文化活动的理念，主要可以从以下几个方面入手：

（1）发挥群团组织作用

各地各级政府和文化相关部门应经常性地组织地区群众参与各种类型的群众文化活动，如读书活动、绘画活动、摄影活动等，以此来陶冶群众的情操，提高其文化素养，同时营造良好的文化氛围。另外，在组织文化活动时，要突出地方特色、优势，聚焦群众生活实际，以此来调动群众参与的积极性，从而达到良好的效果。

（2）加大基础设施建设力度

要提高群众参与的积极性，扩大群众文化活动的覆盖面，离不开基础设施的支撑，这就需要地方政府结合群众需求及群众文化活动类型，适当加大投入力度，建设多种类型的群众文化基础设施，如博物馆、图书馆、活动室等，这也是打造具有地方文化特色的品牌阵地的必要条件。

6.树立以习近平文化思想为指导的理念

要搞好群众文化活动，不仅要激发群众的积极性，而且要引导群众文化不断前进，充分发挥文化的导向作用，为基层群众文化建设奠定良好的基础。具体来说，广大群众文化工作者要以习近平文化思想为指导，以促进群众文化发展为核心，以创新群众文化活动理念为抓手，为基层文化事业的蓬勃发展奠定基础。具体来说，要从以下三个方面入手：

第一，深刻感悟习近平文化思想的理论内涵，切实增强坚决做到"两个维护"的政治自觉、思想自觉、行动自觉。习近平总书记在新时代文化建设方面的新思想新观点新论断，内涵十分丰富、论述极为深刻，是新时代党领导文化建设实践经验的理论总结，丰富和发展了马克思主义文化理论，构成了习近平新时代中国特色社会主义思想的文化篇，形成了习近平文化思想。群众文化工作者要深刻领会其内涵，并在其指引下积极拓宽群众文化活动的内容、丰富活动形式，要充分借助文化馆、活动室等场所，大力宣传群众文化先进事迹和典型人物，使更多人认识到开展和创新群众文化活动的重要性，使群众形成合力，共建美好家园。

第二，深刻感悟习近平文化思想的宏阔视野，切实增强新形势下识变应变求变的历史主动。习近平文化思想立足宣传思想文化工作环境和条件发生深刻变化的时代方位，准确把握世界范围内思想文化相互激荡、我国社会思想观念深刻变化的最新趋势，鲜明提出一系列重大创新观点，为进一步做好宣传思想文化工作指明了前进方向。群众文化工作者要强化互联网思维，利用多种宣传途径纵向推进基层群众文化工作，充分发挥基层文化事业服务社会、服务群众的优势，并组织广大群众经常开展文化娱乐活动，使群众在潜移默化中提高综合素养，为社会稳定发展奠定基础。

第三，深刻感悟习近平文化思想的丰富内涵，切实增强对社会主义文化建设规律的认识把握。党的十八大以来，习近平总书记统揽社会主义文化建设全局，对网络内容建设和管理、文艺、新闻舆论、哲学社会科学、思想政治工作、文化传承发展等各个领域，逐一进行谋划指导、部署推进，明确了文化建设方面的"十四个强调"。群众文化工作者要持续加强对习近平文化思想的学习、研究、阐释，并自觉贯彻落实到宣传思想文化工作各方面和全过程，要以群众文化事业可持续发展为目标，加大文化阵地建设力度，积极争取政府的支持及广大群众的配合，构建基层文化活动推广和开展的长效机制，同时还要提高文化队伍建设的水平。

综上所述，群众文化是社会主义现代化建设的重要内容之一，做好相关工作，有利于提高全民文化素养、促进社会健康发展。在新时期，群众文化工作逐渐向多样化趋势发展，在调动群众积极性、满足群众精神需求的同时，也给群众文化工作的顺利实施带来了全新挑战。在这一现实情况下，只有不断创新发展理念，围绕习近平文化思想丰富群众文化活动的内容，更新群众文化活动的形式，才能充分满足群众的发展需求，为群众文化事业的发展提供保障。

二、群众文化活动创新发展的实践

（一）《群英汇》

2017 年，文化部公共文化司（今文化和旅游部公共服务司）与中央电视台综艺频道合作，推出了大型群众文艺展示栏目《群英汇》。该栏目以城市为单位录制，集中展示一个地方的群众文化活动成果，共录制播出了四十多期，展现了四十多个城市的群众文化风采，搭建了真正属于基层百姓的文艺平台。与同时段的节目相比，其收视率一直名列前茅。

由于《群英汇》讲述的是老百姓自己的文化生活故事，所以节目导演组在与各地文化馆同仁进行节目架构和内容设计时，力求表现文艺节目背后的人的生活和情感。

（二）"云上群星奖"

2019 年，第十八届群星奖颁奖仪式在上海举行，全国公共文化发展中心创新打造了"云上群星奖"，将台下有限的物理空间与线上无限的互联网空间相结合，把线下的文艺评奖变成了线上的全景式体验，并发挥新媒体的传播优势，依托国家公共文化云、文化上海云和圆点直播，联合一百四十余家地方云，全方位、多角度地展示了群星奖的台前幕后，让广大群众通过互联网关注和参与群星奖的各项活动。这次尝试让全国观众在网络云端见证了群星璀璨，同时也开创了公共文化传播的一个新模式，使群星奖的传播效应无限延伸。

（三）"百姓大舞台"

2020 年，全国公共文化发展中心依托国家公共文化云，推出了"百姓大舞台"网络群众文化品牌活动，为全国各地极具特色的群众文化活动搭建了一个更广阔的舞台。经过各地申报和遴选，最后共有 24 个省（自治区、直辖市）的 71 个群众文化活动被纳入"百姓大舞台"，并在经过统一包装和策划后在国家公共文化云上线。"百姓大舞台"不仅是老百姓的舞台，而且是全国群众文化活动最优秀的品牌活动舞台；不仅开展了网络直播录播、短视频征集展播活动，而且进行了人气活动推选，通过线上专题活动和线下各地丰富多彩的群众文化活动，进一步提升了群众文化工作的影响力。

"百姓大舞台"活动将如珍珠般散布在全国各地的优质群众文化活动串成了一串美丽的项链，梳理成了"全民广场舞""好歌大家唱""乡村文艺秀""达人嘉年华""欢庆中国节""区域大联欢""时代新风貌"等版块，使广大群众能够在网上享受来自全国各地的群众文化盛宴。

（四）2021 年全国"村晚"示范展示活动

"村晚"是乡村居民自编、自导、自演、自赏的群众文化活动，串起了乡音、乡情、乡愁。2021 年，文化和旅游部公共服务司、全国公共文化发展中心与中央广播电视总台央视频联合举办了"欢乐过大年·迈向新征程"——我们的小康生活 2021 年全国"村晚"示范展示活动。活动体现了文化与旅游融合、线上与线下结合、大屏与小屏联动、新媒体与传统媒体合力的突出特点。

"村晚"用反映群众身边人、身边事和身边情的节目，展现了广大农村地区的乡土气息、民风民情和人文底蕴，倡导文明过节新风尚，呈现百姓们的小康生活和新时代中国人的精气神。

传统的"村晚"经过策划包装，通过年轻态的转化表达，焕发了新的生机与活力，通过网络联动让各地"村晚"从区域的小欢喜发展成遍及全国的大联欢，带着大家体验各地过年的情景，在百姓的春节文化餐桌上呈现出不一样的年味儿，使就地过年的群众感受到了浓浓的家乡味道。

群众文化活动是一个无比广阔的舞台，可以有效地激发广大群众的文化创造活力，让更多的人实现自己的艺术梦想。

参 考 文 献

[1]周捷飞. 强化基层文化建设的功能导向[J]. 人民论坛，2019（5）：132-133.

[2]肖静. 新时代背景下农村基层群众文化建设与发展研究[J]. 农村经济与科技，2020，31（7）：312-313.

[3]赵晶晶. 基于新时代背景下的基层群众文化建设方法[J]. 大众文艺，2014（6）：12.

[4]杜喜红. 基层群众文化活动的现状与文化队伍建设探究[J]. 边疆经济与文化，2022（7）：94-96.

[5]刘利. 基层群众文化的建设与发展问题探讨[J]. 今古文创，2022（27）：126-128.

[6]李媛媛. 群众文化资源数字化共享平台建设初探[J]. 辽宁经济，2022（6）：79-82.

[7]张昊德. 基于群众文化建设的传统民俗文化渗透[J]. 中国文艺家，2022（6）：169-171.

[8]崔元清. 关于音乐演唱对群众文化的传承价值与引领策略[J]. 明日风尚，2022（11）：9-12.

[9]郝玉. 新形势下群众文化品牌的打造路径探究[J]. 国际公关，2022（10）：137-139.

[10]苏佩玉. 乡镇基层群众文化建设的重要性及现状探析[J]. 农家参谋，2022（10）：13-15.

[11]郝能宏. 农村群众文化建设的困境与推进策略探析[J]. 黑龙江粮食，2022（5）：120-122.

[12]李加成. 绿色环保理念在群众文化活动中的实施策略[J]. 绿色包装，2022（5）：128-131.

[13]孙芳. 浅谈新时期群众文化建设的社会功能与文化价值研究[J]. 中国民族博览，2022（9）：115-118.